Reinhold Ruthe
Aus meinem Arbeitszimmer

Reinhold Ruthe

Aus meinem Arbeitszimmer

Lebensschicksale in Gesprächen: Konflikte und ihre Bewältigung

BRUNNEN
VERLAG BASEL · GIESSEN

Bibliografische Information der Deutschen Bibliothek
Die Deutsche Bibliothek verzeichnet diese Publikation in der Deutschen Nationalbibliografie; detaillierte bibliografische Daten sind im Internet über http://dnb.ddb.de abrufbar.

Die Bibelstellen sind, soweit nicht anders angegeben, der Lutherbibel 1999 (mit neuer deutscher Rechtschreibung) entnommen.

Umschlag: Waterproof Grafikdesign, Ingo Rieker, Neuffen
Foto Umschlag: Mauritius, Mittenwald
Satz: Bertschi & Messmer AG, Basel
Druck: Bercker, Kevelaer
Printed in Germany

ISBN 978-3-7655-1405-0

Inhalt

Vorwort

Lebensschicksale in Gesprächen,
Lebensprobleme in der Beratungspraxis.

Die meisten Gespräche beinhalten Glaubens-, Ehe-, Lebens- und Familienkonflikte.

Verheiratete und Unverheiratete,
Gesunde und Kranke,
Jugendliche und Alleinstehende
suchen Rat, leiden unter unterschiedlichsten Störungen und psychischen Belastungen.

Die meisten sind Christen.
Die Wünsche und Aufträge sind verschieden.

Die einen sehen sich in der Sackgasse,
andere wollen sich aussprechen,
eine dritte Gruppe will
an gemeinsam gesuchten Lösungen arbeiten.
Wieder andere wollen mit einem Dritten ausloten,
ob sich ein weiteres Zusammenleben noch lohnt.

Ich bin als Therapeut in erster Linie Seelsorger.
Von schön klingenden Ratschlägen halte ich wenig.

Ratschläge sind Schläge.

Meine Aufgabe sehe ich darin,
mit dem Ratsuchenden die Probleme zu durchleuchten,
mit dem Ratsuchenden die Hintergründe zu verstehen,

mit dem Ratsuchenden
die oft versteckten Motive zu erfassen,
mit dem Ratsuchenden nach Lösungen zu suchen,
die dem Betroffenen einleuchten,
mit dem Ratsuchenden Gottes konkreten Beistand
zu formulieren und zu erbitten.

Alle Beispiele, Sachprobleme, Personen und die Einzelheiten wurden so verändert, dass kein Ratsuchender sich in den Geschichten wiedererkennt.

Reinhold Ruthe

1. Ich huste dir was!

Es ist Sommer, die Sonne scheint, Frauen und Männer gehen leicht bekleidet durch die Straßen. Nach einer anstrengenden Sitzung schwitze ich in meiner Praxis.

Und nach dem Essen hat sich noch ein Ehepaar mit Sohn angemeldet. Es soll sich, was den Sohn betrifft, um ein psychosomatisches Problem handeln. Mehr weiß ich nicht.

Pünktlich um 14 Uhr klingelt es. Und vor mir stehen Vater, Mutter und Sohn. Genau genommen steht zuerst der Sohn vor mir. Er hat sich von Vaters Hand losgerissen und stürzt an mir vorbei in den Flur. Beiden Eltern ist das peinlich. Aber der Achtjährige hat sich durchgesetzt.

Die junge Mutter, etwa 35 Jahre alt, hat vor Aufregung stark gerötete Wangen, und das kurzärmelige Kleid zeigt unter den Achseln große dunkle Schweißflecken.

Der Mann kommt als Letzter ins Haus. Er schüttelt sein Schottenhemd, um sich ein wenig Luft zuzufächeln.

Der Junge begrüßt mich mit der linken Hand und hustet vor sich hin, mit der rechten hält er sich den Mund zu.

Im Arbeitszimmer sitze ich der Mutter gegenüber, der Vater hat links neben mir Platz genommen, und rechts hat sich zuerst der Junge niedergelassen. Er hampelt auf seinem Stuhl herum, zieht Grimassen und macht auf sich aufmerksam.

«Was führt Sie zu mir?», frage ich die Eltern.

Der Mann schaut seine Frau an, und sie fühlt sich ermutigt, mir zu berichten. «Es geht um David. Er hat einen chronischen Husten, der die Ärzte ratlos sein lässt.»

In der Tat, seit der Junge in mein Blickfeld gekommen

ist, hustet und hüstelt er vor sich hin. Kein schwerer, tief sitzender Husten, sondern ein leichter und doch hartnäckiger Reizhusten.

Ich schaue den Sohn an. Er lässt einen Augenblick das Wippen sein und ist ganz Ohr.

«Du trägst den schönen Namen David. In der Bibel hast du ein großes Vorbild. Ich bin sicher, das hast du schon gehört.»

Stolz sagt er: «Klar doch! King David, er hat den Riesen Goliath plattgemacht.»

Abwartend schaut er mich an.

«Und das imponiert dir, ja?»

«Klar doch!» Übertrieben schlägt er mit beiden Händen auf seine Brust und kehrt sie stolz heraus.

Wenn David spricht, muss er nicht husten. Auch nicht, wenn er gedanklich genug abgelenkt ist.

Die Mutter meldet sich wieder zu Wort. «Unser Sohn war schon in Münster in der Kinderklinik, vier Wochen lang. Sie haben ihn komplett auf den Kopf gestellt, aber er hustet immer noch.»

Der Mutter spürt man die Enttäuschung ab.

«Sitz doch still!», fleht sie den Jungen etwas hilflos an. Aber der lässt sich von Mutter nicht beeindrucken.

Sie schaut leicht ermahnend auf den Vater, der seinen Stuhl vom Tisch zurückgezogen hat, aber auch keine Anstalten macht, dem Jungen verbal zu begegnen.

«Und wie beurteilen *Sie* die Situation mit Ihrem Sohn?», versuche ich ihn ins Gespräch zu bringen.

«Ja, die Sache mit dem Husten ist äußerst rätselhaft. Die Ärzte schütteln den Kopf. Die verschiedensten Medikamente schlagen nicht an, und in der Schule läuft auch nicht alles zum Besten.»

Der Junge hört nur das Wort Schule, und eine störende Unruhe fährt in ihn hinein. Er wippt heftiger auf seinem

Stuhl, und der Hustenreiz löst wieder eine Kaskade von Hustenanfällen aus.

Die Mutter will ihn mit der Hand beruhigen, aber er stößt böswillig Hand und Arm der Mutter zurück.

«Kannst du nicht ein paar Minuten still sitzen?», geht der Vater dazwischen.

«Nein!», sagt schroff und energisch der Sohn.

Offensichtlich kann der Sohn sich diesen Ton bei den Eltern erlauben.

Der Vater seufzt tief auf, schaut seine Frau an, und beide machen den Eindruck, dass sie mit ihrem Söhnchen nicht fertig werden.

Ich mache einen Versuch mit dem Sohn.

«David, ich finde es gut, dass du mitgekommen bist. Dein Vater ist der Meinung, dass in der Schule nicht alles zum Besten läuft, wie siehst du das selbst?»

David wird still, er denkt nach. Sofort stellt er das Husten ein. Dann bricht es aus ihm heraus: «Die Schule ist blöd. Die Lehrer haben dauernd was zu meckern. Und die Anita macht mich beim Klassenlehrer schlecht.»

«Wer ist die Anita?», frage ich.

«Eine blöde Ziege, die neben mir sitzt!»

«Ich möchte solche Ausdrücke von dir nicht hören! Verstehst du mich?» Die Mutter versucht es energisch.

«Anita ist *doch* doof!», schreit David dagegen.

Trotz heftiger Erregung spricht David, ohne zu husten.

«Also, die Anita hat dich beim Klassenlehrer verpetzt. Kannst du mir sagen, was sie ihm verraten hat?»

«Ich habe dem Bernd das ganze Schulheft mit Tinte versaut, weil er ‹Hustenopa› hinter mir hergerufen hat.»

«Und wie hat der Klassenlehrer reagiert?»

«Er hat mich ins Klassenbuch eingetragen. Und meine Eltern haben einen blauen Brief bekommen. Scheiße!»

Das letzte Wort brüllt er durch den Raum.

Die Mutter springt fast vom Stuhl auf.

«Jetzt reißt du dich aber zusammen, oder du bekommst zu Hause eine gehörige Packung!», ruft der Vater überdeutlich.

«Du benimmst dich unmöglich!», ergänzt die Mutter.

Und Sohn David quittiert die Ermahnungen der Eltern mit einem rebellischen: «Pöhh!»

Ich wechsle das Thema.

«Und was hat Sie veranlasst, mich aufzusuchen?»

Beide Eltern schauen sich an und vergewissern sich, wer antwortet.

«Ein Arzt der Klinik hat uns geraten, mal einen Kindertherapeuten aufzusuchen.»

«Hat er Ihnen eine Begründung gegeben?»

«Nein», sagen beide Eltern – wie aus einem Munde.

«Sehen Sie selbst eine Notwendigkeit?», frage ich.

Der Mann rückt wieder näher an den Tisch heran.

«Im Grunde schon», sagt er. «Wir sind uns in der Erziehung völlig uneins. Wissen Sie, meine Frau hat Mitleid mit dem Jungen. Den Husten sieht sie als eine unangenehme Erkrankung an.»

Der Junge hört das Wort «Husten» und beginnt wie auf Kommando wieder zu hüsteln. So, als wenn ein nicht zu stillender Reiz ihn antreibt.

Vater und Mutter sind im höchsten Grade seelisch und nervlich angespannt. Wenn einige Minuten Ruhe im Raum eingekehrt sind, geht der Hustenreiz wieder los. Manchmal scheint der Junge sich dabei zu überfordern. Mit jedem Hustenstoß wirft er seinen Oberkörper nach vorn und löst bei allen Beteiligten Gefühle des Mitleids aus.

Auch ich spüre, dass ich innerlich zunehmend nervöser werde.

«Und wie beurteilen Sie selbst das Ganze?», frage ich den Vater.

«Wir sind beide schlechte Erzieher. Beide sind wir weich und inkonsequent. Beide fallen wir uns in den Rücken, weil wir sehr unterschiedlich reagieren.»

Der Junge hört gespannt zu, sitzt still und hat das Husten wieder eingestellt.

«Und worin sind Sie unterschiedlich?»

«Wie gesagt, meine Frau reagiert mitleidig und nachsichtig. Ich werde wütend und aggressiv, aber mir fehlt offensichtlich die innere Spannkraft, mich durchzusetzen. Und der Erfolg: David macht mit uns, was er will.»

Ein breites Grinsen zieht sich über das Gesicht des Jungen. Gleichzeitig hampelt er wieder unruhig und rebellisch auf seinem Stuhl hin und her. Er murmelt böse Worte vor sich hin.

Unter dem Tisch stößt ihn seine Mutter mit dem Fuß an, sich anständig aufzuführen. Aber er will nicht, schlägt mit dem rechten Fuß zurück und tritt ihr direkt vors Schienbein.

Die Mutter unterdrückt einen Schrei. Ihre Augen werden feucht. Der Vater atmet einige Male tief durch. Er würde den Sohn wohl am liebsten durchprügeln. Die Adern an seinem Hals sind stark angeschwollen. Aber dann sackt er hilflos in sich zusammen. Eine Auseinandersetzung mit seiner Frau will er nicht riskieren.

Ich versuche, das Gespräch mit der Mutter fortzuführen.

«Und wie kommt Ihr Junge schulisch zurecht? Wie sieht sein Notenspiegel aus?»

David will ein Gespräch zwischen ihr und mir verhindern. Er beugt sich immer weiter über den Tisch, hustet und hampelt herum, dass ich mich weit zur Seite beugen muss, um das Gesicht der Mutter zu erkennen. Einige Antworten gehen in der Hampelei unter.

Ich spüre, die Eltern sind nicht in der Lage, ihr Kind zu

kontrollieren und in seine Schranken zu verweisen. Beide geben nach, sind weich und haben ihre Autorität verspielt.

Der Sohn spielt den einen Elternteil gegen den anderen aus. Und mit seiner Krankheit ertrotzt er sich seinen Willen.

Einen Augenblick überlege ich, eine paradoxe Technik der Gesprächsführung auszuprobieren. Wir können nicht vernünftig miteinander reden. Meine Gelassenheit ist längst dahin.

Ich erhebe mich, packe David am Arm und sage sehr laut, fast schreiend: «Damit ich mich ruhig, ohne dein Husten und deine furchtbare Rumhampelei, mit deinen Eltern unterhalten kann, gehst du jetzt in meine Bibliothek und lässt dich nicht mehr hier blicken. Wehe, du störst! Wehe, du gehst an meine Bücher! In der Bibliothek kannst du ausgiebig husten und rumhampeln. Wenn du willst, kannst du ein Kinderbuch lesen. Drüben im Korb liegt allerlei Lesematerial. Du wartest jetzt dort, bis ich dich hole. Hast du mich verstanden?»

Ich halte ihn am Arm fest, der Junge steht auf und will sich an seine Mutter klammern.

Ganz schüchtern kommt ein artiges «Ja» über seine Lippen.

«Jetzt kann dir deine Mutter nicht helfen, jetzt gehorchst du *mir*! Jetzt tust du, was *ich* anordne! Wir gehen durch diese Tür, und zwar in dieses Zimmer.»

Ich halte ihn noch immer am Arm fest.

«Ich rate dir, keine Dummheiten zu machen. Aber hier kannst du so viel husten, wie du willst. Niemand stört dich dabei.»

Ziemlich barsch schließe ich die Tür und kehre zu den überraschten Eltern zurück.

Beide schauen mich aus großen, ängstlichen Augen an.

«Entschuldigen Sie, dass ich so gehandelt habe. Aber Sie

haben selbst gemerkt, der kleine Kerl tanzt Ihnen auf dem Kopf herum. Und mit mir hat er's auch versucht.»

Der Vater kommt mir entgegen: «Ich wollte, ich könnte so entschieden handeln. Ich bin ganz sicher, vieles würde sich ändern.»

«Was würde sich denn Ihrer Meinung nach ändern?», hake ich nach.

«David gehorcht. Er bekommt klare Anweisungen, was zu tun und zu lassen ist.»

Die Mutter schüttelt zweifelnd ihren Kopf. «Aber damit ist das Problem des Hustens doch nicht gelöst. Das Husten in meiner Gegenwart macht mich verrückt. Wenn das noch ein Jahr so weitergeht, bin ich reif für die Klapsmühle! Wir können es doch nicht einfach abstellen!»

«Richtig. Sie können es nicht abstellen, aber Sie können sich schützen. Und wie? Sie sagen ruhig, aber fest und bestimmend: Wenn du husten musst, und du kannst es nicht aufhalten, gehst du sofort in dein Zimmer. Dort kannst du in Ruhe aushusten, bis der unerträgliche Reiz im Hals vorbei ist.»

Die Mutter insistiert: «Aber das wird er nicht wollen. Er quengelt dann den lieben langen Tag hinter mir herum, dass er keinen Freund hat. Ich soll ihn beschäftigen. Ich soll mit ihm spielen.»

Der Vater reagiert beglückt. «Die Idee mit dem Husten im Kinderzimmer ist ideal. Du und ich spielen mit ihm, wenn er nicht hustet, das ist die Belohnung für David.»

Die Mutter kennt sich und ihren Sohn. «Und wenn er den Raum nicht verlässt, wenn er hustet?»

Ich sage zu ihr: «Dann nehmen Sie ihn am Arm, wie ich es gemacht habe, und führen ihn kommentarlos in sein Kinderzimmer.»

«Das fällt mir unendlich schwer!»

«Ihr Sohn weiß das und nutzt Ihre Schwäche brutal aus. Ist es nicht so?»

Die Mutter schaut verzweifelt an sich hinunter.

«Du musst es lernen, ich helfe dir dabei», sagt der Vater. «Leider bin ich auch ein Weichling, und der kleine Bursche spielt den Starken!»

«Sie sagen es, er *spielt* den Starken, er ist es nicht.»

Eine Viertelstunde ist inzwischen vergangen. In der Bibliothek ist es mucksmäuschenstill.

Kein Husten, keine Rumhampelei, kein Geräusch.

Beide Eltern schauen sich an und schütteln ihren Kopf.

Ich greife den Faden wieder auf.

«Knapp zwanzig Minuten sind vergangen, da verließ Ihr Sohn den Raum. Ich habe bisher nichts gehört.»

«Ehrlich gesagt, das habe ich noch nie mit ihm erlebt», sagt der Vater.

Die Mutter blickt mich flehend an. «Können *Sie* David nicht die neue Regel beibringen? Ich habe doch nicht die Kraft dazu.»

«Kann es sein, dass Sie innerlich noch nicht überzeugt sind von dem Plan? Oder fürchten Sie um Ihre Unentschiedenheit?»

Die Mutter schaut mich verlegen an. «Ja, der Plan kann richtig sein. Aber meine Unentschiedenheit, das ist tatsächlich meine Hauptschwierigkeit.»

Ich bleibe bei der Mutter, weil hier die Schwachstelle einer erzieherischen Umstellung liegt.

«Was wollen Sie tun, um dem Jungen hilfreicher zu begegnen?»

«Ich könnte die Geschichte ins Gebet nehmen!»

«Sie *könnten*?»

Die Mutter nickt. Sie durchschaut ihr Ausweichen. «Ich kann es tun.»

«Wollen Sie es auch?»

«Oh, Sie sind hartnäckig. – Ja, ich will es versuchen.»

«Wahrscheinlich klappt es nur, wenn Sie nicht nur einen Versuch starten, sondern von der Idee fest überzeugt sind und immer wieder beten, dass Sie mit Gottes Beistand den Jungen liebevoll, aber fest hinauskomplimentieren, wenn er hustet.»

Dem Vater gefällt der Plan gut. «Solange ich abends und am Wochenende zu Hause bin, werde ich mich durchsetzen. Wir beide werden beten, dass wir stark bleiben.»

Ich gebe den Eltern zu verstehen, dass ich den Jungen nun hereinhole.

David sitzt ruhig im Sessel vor meinem Bücherregal. Auf dem Schoß hält er eine spannende Tiergeschichte.

Ein Elefant hat sich mit seinem Rüssel in einer Astgabel eingeklemmt. Er leidet Höllenqualen, und ein kleiner Affe klettert den dicken Baum hoch und erlöst den Dickhäuter aus der Falle. Beide werden treue Freunde.

Und das Auffallende: Nicht *ein* Mal hat der Junge in der Bibliothek gehustet.

Der Schreck meines harten Durchgreifens ist ihm offensichtlich in alle Glieder gefahren.

Ich bitte ihn, mitzukommen.

Die Eltern stehen schon im Arbeitszimmer, sie verabschieden sich von mir, und ich sage zu David: «Wir haben gemeinsam überlegt, wie wir dir helfen können, mit der Husterei besser umzugehen, damit deine Eltern nicht zu sehr darunter leiden müssen. Wir hoffen gemeinsam, dass es besser wird. Wenn du auch darum betest, wird es bestimmt klappen. Kannst du das tun?»

Der kleine Kerl reicht mir artig die Hand und sagt: «Ich habe jeden Abend gebetet, dass Gott mir hilft, meinen Husten loszuwerden.»

Vierzehn Tage später findet ein Gespräch ohne den Jungen statt. Vater und Mutter sitzen Hand in Hand im Wartezimmer. Beide strahlen.

«Das Schönste, was passiert ist: Unsere Ehebeziehung hat sich verbessert. Mir sind Steine von der Seele gefallen, das können Sie mir glauben», sagt der Mann. «Meine Güte, war ich verzweifelt. Ich habe immer wieder mit dem Gedanken an Scheidung gespielt. Gedroht habe ich ihr: ‹Wenn du dem Jungen weiterhin jeden Willen lässt, muss ich gehen. Helfen kann ich dir nicht! Der Husten ist eine Sache, aber die Erziehung eine andere.›»

Die Frau umfasst fest seine Hand. «Und ich habe eingesehen, dass ich mit falscher Nachsicht einen Tyrannen in der Familie großziehe. Ich war von nachmittags bis abends mit dem Jungen beschäftigt. Aus Mitleid mit der Krankheit habe ich alles durchgehen lassen, und der Bursche hat das schamlos ausgenutzt.»

Mich interessiert natürlich das Hustenproblem.

«Wie klappt es denn mit dem Husten im Kinderzimmer?»

«Bei mir funktioniert es», sagt der Mann, «bei meiner Frau gelingt es nur hin und wieder, wenn sie fest bleibt.»

Er drückt sie zärtlich an sich.

«Und wie erleben Sie es, wenn Sie fest bleiben?»

«Das ist wie eine Erlösung!»

«Was meinen Sie damit?»

«Die Husterei zerrt dann nicht an meinen Nerven. Der Junge geht, und alles in mir beruhigt sich.»

Sie holt tief Luft, und ein gewisses «Aber» klingt durch das Arbeitszimmer.

«*Aber* der Bursche wirft mich immer wieder um. Er bettelt, und ich gebe nach. Er bettelt, und ich muss mir diesen schrecklichen Husten anhören.»

«Und wenn er geht, wie lange hält er's im Kinderzimmer aus?», frage ich.

«Das ist wirklich ein Wunder. Dort bleibt es still. Auf dem Flur kommt es noch zu einem schwachen Hustenreiz. In seinem Schlaf- und Spielzimmer ist Frieden eingekehrt.»

«Wir sind fast wie von einer Last befreit. Beide können wir freier atmen», sagt der Mann.

Die Frau ergänzt: «Meines Erachtens haben sich die Hustenanfälle um fünfzig Prozent verringert. Ich hoffe zuversichtlich, dass sie eines Tages ganz verschwinden.»

Und der Mann fügt an: «Ich habe zu David gesagt: Deine Eltern und du haben zum himmlischen Vater gebetet, er möge dich von dem lästigen Hustenreiz befreien. Er hat uns erhört. Immer wenn du jetzt einen Hustenanfall bekommst und in dein Zimmer gehst, hast du viel Zeit und Ruhe, den schrecklichen Hustenreiz rauszulassen, damit du anschließend ohne Beschwerden atmen kannst.»

Die Eltern schauen sich zufrieden an und gehen.

Wir verabreden noch zwei Termine, die jeweils ein Vierteljahr auseinander liegen.

Nach dem ersten Vierteljahr kommt die Mutter allein und sagt: «Der Junge hat kaum noch Hustenanfälle. Nur wenn er mich zwingen und unbedingt seinen Kopf durchsetzen will, dann hustet er wie ein Schwerkranker und versucht, mich weich zu klopfen.»

«Sie haben also den Eindruck, der Husten ist dann geschickt von ihm in Szene gesetzt?»

Die Mutter seufzt. «Das ist heute ganz mein Eindruck. Bis vor einem halben Jahr war ich der festen Überzeugung, unser Kind ist krank und kein Arzt will das wahrhaben. Der Junge weiß, dass er mich damit beeindrucken kann. Ich leide mit ihm und erfülle ihm alle Wünsche. Meine Güte, ich hatte ja kein eigenes Leben mehr! Mein Sohn nahm mich total in Anspruch.»

«Und heute?», frage ich nach.

«Heute hat er zwei Freunde. Der eine kommt zu ihm. Den anderen besucht der David. Auch da kommt es nur selten zu Hustenanfällen, wenn ich die Kinder beobachte. Und wieder nur dann, wenn er bestimmen will. Das Merkwürdige ist, auch bei dem Freund setzt er sich mit Husten durch. Der hat Mitleid mit ihm und gibt nach. Im Stillen schüttle ich meinen Kopf und bin sprachlos, wie geschickt Kinder mit unbewussten Verhaltensmustern arbeiten können. Wir sind alle drauf reingefallen, auch die Lehrer in der Schule.»

Das greife ich auf, weil die Eltern mit ihrem Einzelkind auch schulische Probleme hatten und haben.

«Sie sprechen von den Lehrern, die auch auf den Jungen reingefallen sind. Wie haben die auf die Hustenanfälle reagiert?»

Die Mutter lacht entspannt vor sich hin. «Lehrer und Schule waren lange ratlos. Die haben uns ja zu Spezialärzten geschickt, weil sie keine Lösung wussten. Heute haben sie keine Probleme mehr mit David, was das Husten angeht.»

«Und warum nicht?», möchte ich wissen.

«Sie haben ihn auch jedes Mal rausgeschickt in eine leere Klasse und haben ihm geraten, sich gründlich auszuhusten. Weil David sehr schlecht allein sein konnte, war er in kurzer Zeit wieder in der Klasse und hat nicht mehr gehustet. Mein Mann hat den Lehrern auf einer Elternversammlung diesen Tipp gegeben.»

«Wie sieht es mit Davids Schulleistungen aus?», frage ich die Mutter.

Sie zieht die Stirn in Falten. «Die könnten wirklich besser sein. Aber wahrscheinlich mache ich da noch Fehler.»

«Und wie sehen die aus?», hake ich nach.

«Ich schäme mich, es zu sagen. Der Bursche bringt es fertig, mich stundenlang mit Schularbeiten zu beschäftigen.»

«Und wie macht er das?»

«David stellt sich dumm, und ich erkläre ihm alles tausendmal.»

«Das heißt, er hat nur seine Taktik geändert: Er hustet Ihnen nichts mehr, aber er stellt Sie mit Schularbeiten in Dienst.»

«So sagt es mein Mann auch.»

«Und wie wollen Sie darauf reagieren?»

Die junge Mutter zuckt mit den Schultern und schaut mich ratlos an. «David kann so unglaublich hilflos fragen, ich schaffe es nicht, ihn abzuwimmeln, und schon hänge ich an der Angel.»

Ich versuche, ihr deutlich zu machen: «Sie haben es also genau erkannt. Was wollen Sie tun, dass er allein arbeitet? Wie wollen Sie reagieren, dass Sie von der Angel loskommen?»

Trotzig stampft sie mit dem Fuß auf. «Ich nehme mir vor, einzukaufen oder in die Stadt zu fahren. Ich will mir Bekannte einladen, aber der Junge wirft mich wieder um. Ich bin wütend auf mich!»

Diesen Gedanken verstärke ich.

«Aber noch nicht wütend genug. Ihre Pläne sind glänzend. Sie treffen ins Schwarze. Aber Ihr Sohn führt Sie an der Leine spazieren.»

Sie holt vorsorglich ein Taschentuch aus der Handtasche. Ihre Augen werden feucht. «Ich höre meinen Mann reden. Aber der ist nicht da, der kommt nach Hause, wenn ich am Ende bin. – Nur eins hat sich entscheidend geändert. Er nimmt mich in den Arm und macht mir Mut, nicht die Flinte ins Korn zu werfen. Er glaubt wieder an mich.»

Dabei strahlt sie mich an.
Ich schaue auf die Uhr und erhebe mich.

«Das war ein gutes Schlusswort. Sie werden die Flinte nicht ins Korn werfen. Rückfälle gehören zum Veränderungsprozess. Wenn wir in einem Vierteljahr wieder zusammenkommen, ist hoffentlich diese Hürde genommen und David macht seinen Weg.»

Sie lächelt und nickt überzeugt.

Mit festen Schritten geht sie zum Ausgang.

2. Anja hört Geisterstimmen

Eines Tages kommt eine junge Frau in die Seelsorge. Sie hat sich telefonisch angemeldet.

Anja ist 17 Jahre alt, sehr schüchtern und nervös. Sie hat wasserblaue Augen, und an den Schläfen ist ihre Haut weiß, fast durchscheinend. Die blauen Adern sind unter der dünnen Haut sehr gut zu erkennen.

Sie schaut mich mit weit aufgerissenen Augen an und prüft, ob sie mir vertrauen kann.

«Darf ich mir ein paar Notizen machen? Wenn Sie noch einmal kommen sollten, möchte ich gut vorbereitet sein. Hier geht nichts raus. Wer auch immer anruft, ich sage nichts.»

Das junge Mädchen nickt und lächelt einen Augenblick. Dann wird ihr Blick wieder ernst.

«Was führt Sie zu mir?»

Die Antwort hat sie sich vorher gut überlegt. Anja antwortet sofort. «Meine Hauptangst besteht darin, dass ich von bösen Geistern gepeinigt werde.»

«Die Geister belästigen Sie. Wann geschieht das?»

«Besonders wenn ich im Zimmer allein bin, dann höre ich Stimmen in mir, Stimmen, die nicht zu mir gehören.»

«Was meinen Sie damit, dass die Stimmen nicht zu Ihnen gehören?»

«Es sind ja nicht *meine* Gedanken, die ich denke. Es sind nicht meine Wünsche, die aus mir kommen.»

«Und was vermuten Sie?»

Die junge Frau ist sich sicher. «Ich bin fest davon überzeugt, es sind Geisterstimmen, die mich quälen.»

«Was haben Sie bisher getan, um sie loszuwerden?»

«Ich habe einiges probiert, aber nicht mit großem Erfolg.»

«Was genau haben Sie probiert?»

Anja schaut mich ängstlich und misstrauisch an. «Ich habe gebetet. Schließlich bin ich in einer Freikirche. Vor zwei Jahren bin ich zum Glauben gekommen.»

«Und?»

«Die Gebete haben keine Hilfe gebracht. Jedenfalls keine durchgreifende.»

«Was haben Sie noch unternommen?»

«Ich wehre mich gegen die Stimmen. Ich schalte das Radio ein, höre geistliche Popmusik oder stürze mich auf englische und lateinische Vokabeln.»

Sie bleibt sehr ernst und zieht die Stirn kraus.

«Können Sie mir sagen, was die Stimmen von Ihnen wollen?»

Einen Augenblick überlegt sie, ob sie reden will.

«Zum Beispiel höre ich: Bilde dir nicht ein, deine Mutter sei eine Heilige. Vor drei Jahren ist sie fremdgegangen, genau um diese Zeit. Dein Vater weiß es genau. Heimlich hat sie sich mit einem Mann getroffen, und sie haben sexuell verkehrt.»

Sie stockt und schaut einen Augenblick zu Boden. Ihre Lippen bewegen sich. Lautlos formuliert sie Gedanken, die sie aber nicht ausspricht.

«Ich schäme mich wahnsinnig, die vielen Einzelheiten zu erzählen, die mir die Stimme gesagt hat. Gleichzeitig bin ich neugierig und höre jedes Mal in mich hinein, was die Stimme so sagt. Glauben Sie, dass meine Mutter wirklich solche Scheußlichkeiten getan hat?»

«Was glauben Sie selbst? Sie waren damals vierzehn Jahre alt. Haben Sie den Eindruck, es könnte geschehen sein?»

Sie nickt und spricht versunken vor sich hin: «Vor drei Jahren waren meine Eltern verzankt. Meine Mutter ist sehr jung und sehr hübsch. Sie war erst vierunddreißig Jahre alt, und viele Männer schauten ihr nach. Hinter der Schlafzimmertür hörte ich oft, wie der Vater sie anschrie, mit anderen Männern Beziehungen zu haben.»

«Wie hat das auf Sie gewirkt?»

«Ich war seelisch und moralisch fertig. In der Schule wurde ich zusehends schlechter. Tagelang wagte ich mich nicht mehr nach draußen.»

Sie schaut mich an und weiß nicht, ob sie weiterreden darf.

«Oft habe ich geglaubt, die anderen Kinder in der Schule lachen über mich, weil sie das mit meiner Mutter wissen.»

«Können Sie sich vorstellen, dass diese seelische Krise Ihre Persönlichkeit so belastet hat, dass Sie Stimmen hören, weil Ihre Phantasie sich ständig mit außerehelichen Kontakten Ihrer Mutter beschäftigt hat?»

Anja schweigt eine lange Zeit, und ich frage mich, ob sie die Frage auch verstanden hat.

Ich vergewissere mich. «Meine Frage haben Sie verstanden?»

«Doch, doch! Aber die Einzelheiten, die schrecklichen Einzelheiten! Die Geister haben mir alles mitgeteilt, was meine Mutter getan hat. Die Scheußlichkeiten kann ich mir doch nicht ausdenken.»

Anja hält sich die Hände vors Gesicht.

«Ist es auch möglich, dass Sie an der Schlafzimmertür gelauscht haben? Ihr Vater hat seiner Frau bestimmte sexuelle Praktiken unterstellt?»

Das Mädchen schüttelt energisch den Kopf. «Nein, solche Sachen hat er nicht gesagt.»

«Was vermuten Sie selbst, wie alles zusammenhängt?»

«Es müssen Geister sein, die mich quälen und die das Verhältnis zwischen mir und meiner Mutter zerstören wollen. Außerdem kommen die Schweinereien nicht aus mir.

Woher soll ich die auch kennen! Ich habe doch überhaupt keine sexuellen Erfahrungen.»

Ich wage einen weiteren Vorstoß. «Und Ihre sexuelle Phantasie? Ihre Vorstellungskraft, die den sexuellen Bereich betrifft, gibt es da keine Gedankenspiele und Bilder, die Sie beschäftigen?»

Anja wird rot und schlägt wieder die Hände vors Gesicht. Sie wippt mit dem Kopf auf und nieder. Plötzlich reißt sie ihn hoch.

«Glauben Sie nicht an Dämonen und unsaubere Geister?»

Ich nicke eindeutig. «Doch, der Teufel und sein unsichtbares Heer sind für mich Realität. Dämonen und unsichtbare Kräfte und Mächte sind keine Phantasie. Ich bin auch davon überzeugt, dass der Satan alle Wege benutzt, uns zur Sünde und zur Abkehr von Gott zu verführen. Vermuten Sie, dass Dämonen Sie mit unsauberen Gedanken quälen?»

«Ja, ja, ja, das ist es!» Ihre Worte klingen wie ein Hilfeschrei. «Ich bin doch nicht krank! Ich kann doch die Geisterstimmen von meiner eigenen Phantasie unterscheiden!»

Sie macht eine Pause.

«Eine der Stimmen hat sich mit Namen vorgestellt: ‹Ich heiße Castor und werde dich nicht in Ruhe lassen. Du wirst alles tun, was ich sage!›»

Ich frage vorsichtig: «Möchten Sie es sagen?»

Anja versteckt wieder ihr Gesicht in den Händen, sie spricht leise in sie hinein. Verstehen kann ich kein Wort. Offensichtlich will sie auch nicht verstanden werden.

«Ich werde es auf keinen Fall erzählen, was Castor alles von mir gefordert hat. Und das Schlimmste ist, ich habe es getan. Ich habe es tatsächlich getan!»

Die junge Frau ist puterrot im Gesicht, die Stirn ist

feucht, und sie schluchzt in sich hinein. «Wer befreit mich von diesen Stimmen?»

Ich rücke ein wenig näher und frage sie ernst und deutlich: «Wollen Sie ehrlich und wirklich frei werden? Wollen Sie Ihr Leben dem Herrn aller Herren in die Hand geben, der Sieger ist über alle Mächte im Himmel und auf der Erde? Wollen Sie Ihr angefochtenes Leben Gott neu übergeben?»

Sie sagt klar und hörbar: «Ich will!»

Ich lege ihr die Hände auf und spreche sie im Namen des Vaters, des Sohnes und des Heiligen Geistes frei von allen Bindungen, von allen Mächten, von allen unguten Geistern.

Ich gebiete speziell im Namen des dreieinigen Gottes der Stimme mit dem Namen Castor zu schweigen und die junge Frau in Ruhe zu lassen.

Es dauert eine Weile, dann richtet sich Anja auf. Sie zeigt ein völlig verändertes Gesicht. Die panikartige Angst ist daraus verschwunden. Ihre Schultern sind nicht mehr krampfhaft hochgezogen, sie hängen locker herunter. Ihre Hände liegen ruhig im Schoß.

Sie lehnt sich zurück und sagt entspannt: «Ich habe Ihnen noch gar nicht erzählt, wo alles begann. Als mich die Sache mit meiner Mutter fast um den Verstand brachte, bin ich mit zwei Klassenkameraden zu einer Clique gegangen, wo am frühen Abend Tischerücken praktiziert wurde. Ich war völlig ahnungslos.»

Sie unterbricht sich.

«Wie kann man nur so naiv sein! Ich bin wirklich naiv!»

Dann greift sie ihren Faden wieder auf.

«Also, wir saßen auf dem Boden um den kleinen Tisch herum, hatten die Hände auf die Tischplatte gelegt und berührten uns mit den Fingern. Der Tisch hatte drei Beine. An einem war ein Kugelschreiber befestigt, der stand auf einem weißen Blatt Papier. Jeder der Teilnehmer durfte an dem Abend eine Frage an den Geist stellen, der über den Tisch, der sich bewegte, die Antworten gab.»

Sie schüttelt sich und wirft ihren Kopf hin und her.

«Auf dem Blatt Papier waren tatsächlich Buchstaben zu erkennen. Ich fragte den Geist, ob es wahr sei, dass meine Mutter mit anderen Männern fremdgeht.»

Wieder unterbricht sie sich: «Noch heute läuft mir ein Schauer über den Rücken, wenn ich mir die Szene vorstelle. Ich muss ja verrückt gewesen sein!»

«Und weiter?!»

«Ja, ich war zum Bersten gespannt. Mein Herz schlug wild, als der Tisch sich unter meinen Händen bewegte. Als er sich beruhigt hatte, hob meine Mitschülerin den Zettel vom Boden auf. Die Schrift war ausgesprochen unleserlich. Aber alle behaupteten, aus den Linien ein eindeutiges ‹Ja› erkannt zu haben.»

Sie schaut nachdenklich in ihren Schoß.

«Können Sie verstehen, dass ich tagelang durcheinander war? Fast eine Woche habe ich krank im Bett gelegen. Ich konnte nicht zur Schule gehen. Meine Mutter hat ständig hohes Fieber gemessen.»

«Und wie hat sich alles weiterentwickelt?», frage ich.

«Nachts saß ich oder lag ich wach und grübelte über den Ehebruch meiner Mutter. Mir schmeckte das Essen nicht mehr. Etliche Pfunde habe ich in den Wochen abgenommen. Ich habe ernsthaft überlegt, ob ich mit meiner Mutter noch zusammenleben kann.»

«Wann hörten Sie zum ersten Mal die Stimmen?»

«Einige Tage nach der spiritistischen Sitzung mit den Freunden.»

«Und was haben Ihre Eltern zu Ihrer Beteiligung an dieser Sitzung gesagt?»

Anja reagiert erschrocken.

«Die wissen natürlich nichts davon. Nur unserem Pastor in der Gemeinde habe ich davon berichtet.»

«Und, was hat er Ihnen gesagt?»

«Er hat mir verboten, je wieder solche Sitzungen zu besuchen. Er hat mich auch gewarnt, dass ich mich damit den Dämonen ausliefern könnte.»

Ich schaue auf die Uhr und möchte das Gespräch für heute beenden.

Die junge Dame schlüpft in ihre Wolljacke und geht gelöst und weniger ängstlich zur Tür. Im Türrahmen dreht sie sich aber noch einmal um und fragt: «Sind Sie auch ganz sicher, dass sich die Geister nicht mehr melden?»

«Versprechen kann ich es nicht. Aber eins ist sicher, Sie haben den Geistern abgeschworen. Ich bin überzeugt, sie werden sich entmachtet zurückziehen.»

Einige Tage später ruft mich die junge Dame an. Sie berichtet mir, dass sie in der zweiten Nacht noch einmal von den Stimmen gequält worden sei. Sie hätte gebetet und wäre dann allmählich ruhig geworden.

«Allerdings, das muss ich gestehen, ich hatte eine unangenehme Auseinandersetzung mit meiner Mutter. Darüber reden wir beim nächsten Gespräch. Fast glaube ich, das hat die Geister wieder mobilisiert.»

Acht Tage später erscheint Anja zum zweiten Gespräch.

Sie ist sehr aufgeregt, und ihre Augen blicken verstört.

«Ich bin froh, dass ich mit Ihnen sprechen kann.»

«Was ist passiert?»

Etwas Unangenehmes steht ihr im Gesicht geschrieben.

«Stellen Sie sich vor, gestern hatte ich einen sehr hässlichen Streit mit meiner Mutter. Es ging um meine Unordnung. Sie machte mir laute Vorwürfe. Irgendwie war ich gekränkt und verlor die Beherrschung. Bei der Gelegenheit habe ich sie damit konfrontiert, dass sie eine Ehebrecherin ist.»

Ich schaue sie erstaunt an. «Da bin ich aber gespannt, was daraus wurde.»

«Mutter hat kein Wort gesagt. Die Tränen rollten ihr sofort übers Gesicht. Sie ließ sich wortlos in einen Sessel fallen und war tief unglücklich.»

«Was glauben Sie, worüber?», frage ich die Tochter.

«Sie werden es nicht glauben, sie hat den Ehebruch gestanden. ‹Es stimmt, Anja, deine Mutter ist fremdgegangen›, so hat sie gesagt. ‹Dein Vater und ich haben eine schlimme Zeit durchgemacht. Ich war mit ihm todunglücklich. Aber ich will mich nicht herausreden. Meine Schuld ist unbestritten. Du kennst deinen Vater ja, er kann so stur und wortkarg sein. Manchmal benimmt er sich wie ein Stück Holz, einfach leblos!› ... Dann sprang meine Mutter aus dem Sessel auf, nahm mich in den Arm und bat mich um Vergebung. Ich war überwältigt. Unsere Beziehung ist jetzt gut, jedenfalls will ich es so.»

Erleichtert fährt sie fort: «Sie müssen wissen, damals war ich fix und fertig. Meine Eltern sind mit mir beim Kinderpsychiater gewesen. Der hat eine Pubertätskrise diagnostiziert. Ich musste sogar eine Zeitlang Tabletten schlucken. Mir ging es ganz dreckig. Nachts konnte ich nicht schlafen, und in der Schule ging es bergab.»

Die junge Frau wirft ihre langen Haare selbstbewusst in den Nacken. Beim ersten Gespräch hingen sie ihr noch wie ein Schleier vor den Augen.

«Und dann setzte die Sache mit den Geistern ein?», frage ich nach.

«Ja, wenn ich nachts wach lag und mir die krausesten

Gedanken durch den Kopf schossen, haben mich die Geister mit wüsten sexuellen Phantasien bombardiert. Abends spät bekam meine Mutter Besuch von einem fremden Mann. Mein Vater war auf Nachtschicht. Oft habe ich hinter der Tür gelauscht. Ich war schrecklich neugierig. Vieles habe ich mitbekommen. Und die Geister hatten ein leichtes Spiel mit mir. Ich schäme mich, wenn ich daran denke. Gott sei Dank, dass das vorbei ist!»

«Dann sind Ihre Eltern auch wieder ausgesöhnt?»

«Ja, seit einiger Zeit verstehen sie sich wieder. Mein Vater war dahintergekommen, als er nachts unerwartet nach Hause kam. Er hat meine Mutter angebrüllt und fertiggemacht. Er hat sie regelrecht tyrannisiert. Beide haben sich gegenseitig übel mitgespielt.»

Mir fällt ein: «Aber Ihre Eltern sind doch Christen, oder?»

«Es hat lange gedauert, klar doch. Aber seit Ostern ist Friede bei uns. Papa hat Mutti vergeben, und er gibt sich auch viel mehr Mühe als sonst. Auch für mich nimmt er sich Zeit und redet mehr mit mir.»

Anja schaut zur Uhr.

«Gleich treffen wir uns in der Schule zum Bio-Leistungskurs.»

«Dann sollten wir hier Schluss machen. Auch ich wünsche Ihnen, dass die Geister schweigen und der Friede einkehrt.»

Wir verabreden einen neuen Termin in drei Wochen.

«Wenn Sie Probleme haben und doch wieder von Geistern belästigt werden, dürfen Sie mich anrufen und wir verabreden kurzfristig einen Termin.»

Anja verlässt erleichtert die Praxis.

Etwa fünf Tage später erhalte ich einen dringenden Anruf von der jungen Dame. Ihre Stimme klingt hoch und schrill.

«Einige Tage habe ich im tiefsten Frieden gelebt. Ich war so ruhig und glücklich. Und in der letzten Nacht hat sich Castor wieder gemeldet. Sie wissen doch, ich habe von ihm erzählt.»

Sie macht eine Pause und wartet, wie ich darauf reagiere.

«Ich höre es an Ihrer Stimme, das hat Sie stark beunruhigt.»

Anja geht sofort darauf ein. «Ausgerechnet dieser dreckige Geist. Er hat eine eklige und verführerische Stimme.»

Sie würgt am Telefon, und es hört sich an, als müsste sie sich übergeben.

Wir vereinbaren einen Termin am nächsten Tag.

Anja ist hörbar erleichtert.

Die junge Frau kommt sehr pünktlich. Ihre weit aufgerissenen Augen strahlen Unruhe aus. Ängstlich schaut sie mich an.

«Warum will der Geist mich quälen? Ich war so froh, dass ich Frieden mit meiner Mutter habe. Und jetzt ist wieder dieser Keil dazwischen.»

Ich ziehe die Stirn in Falten und signalisiere ihr, dass ich sie nicht verstanden habe.

«Sie sagten mir am Telefon, der Geist Castor sei ein dreckiger Geist mit einer verführerischen Stimme. Das verstehe ich nicht. Was will er denn von Ihnen?»

«Er beschmutzt meine Mutter. Und in mir kommt der Ekel hoch. Die Liebe zu meiner Mutter wird in Frage gestellt. Er will mir weismachen, sie sei eine Hure. Ich kann die Perversitäten nicht glauben, die er ihr anhängt. Es sind Schweinereien ...» Sie schlägt die Hände vors Gesicht. «... und in mir ist eine solche Abwehr, dass ich meine Mutter nicht in den Arm nehmen kann. Ja, ich hasse sie, und das halte ich nicht aus!»

Was sie sagt, nimmt sie so mit, dass sie am ganzen Körper zuckt und geschüttelt wird.

Ich will sie nicht weiter belasten und frage sie: «Sie müssen die Schweinereien und Perversitäten – wie Sie sagen – nicht konkret aussprechen. Haben Sie sie zum ersten Mal von dem Geist gehört, oder wie kamen sie in Ihre Gedankenwelt?»

Anja kann mich nicht anschauen. Sie hält ihre Hände vor das Gesicht. Sie spricht unklar, und ich muss mich konzentrieren, um sie zu verstehen.

«Das ist alles kompliziert, und ich schäme mich, wenn ich zurückschaue. Als ich das erste Mal die Geisterstimme hörte, nach der spiritistischen Sitzung, kamen sexuelle Schweinereien an mein Ohr, die meine Mutter gemacht haben sollte, die ich überhaupt nicht verstand. Und in meiner Not habe ich alles unserem Pastor gebeichtet. Er fragte mich nach Worten und Begriffen, die ich überhaupt nicht einordnen konnte. Am andern Tag bin ich in die Stadtbibliothek gegangen und habe in Lexika geblättert. Was ich da alles gelesen habe, hat mich so durcheinander gebracht, dass ich einige Nächte wach gelegen habe und immer wieder auf die Knie gefallen bin und gebetet habe. Das alles sah ich als Strafe Gottes an, weil ich an einer spiritistischen Sitzung teilgenommen habe.»

Anja hebt ein bisschen ihr Gesicht und schaut mich durch ihre Finger ängstlich an.

Ich versuche, das Gehörte zu ordnen, und sage: «Deutlich wird also, Castor, in Ihren Augen der dreckige und perverse Geist, will Sie quälen, um die positiven Gefühle zu Ihrer Mutter zu torpedieren.»

«Ja, so erlebe ich das!»

«Er quält Sie mit schmutzigen Phantasien und entwickelt in Ihrem Herzen Hassgefühle gegen die Mutter.

Das heißt aber auch, dass Sie die Vergebung durch Christus, die ich Ihnen zugesprochen habe, noch nicht annehmen konnten. Ist es so?»

Das Mädchen reagiert erschrocken. Es wirft den Kopf hoch und ringt nach Worten.

«Ich will es ja glauben, aber der böse Geist hat wieder die Übermacht gewonnen. Natürlich will ich frei werden, aber kann es nicht sein, dass Gott mich bestrafen will? Ich habe doch was Furchtbares getan. Das lässt er doch nicht einfach geschehen!»

Da sind wieder ihre großen erwartungsvollen Augen.

Ich spüre, dass ich ernsthaft widersprechen muss, um ihr zu helfen.

«Nein, das sehe ich anders. Unser Gott ist kein Gott, der auf der Lauer liegt, um jede Sünde sofort erbarmungslos zu bestrafen. Er ist eben kein Rachegott, der jede böse Tat sofort heimsucht. Dann würden wir Menschen ohne Ausnahme nur noch jammern und schreien.»

Ich beuge mich mehr zu ihr hinunter.

«Ich rede Ihnen nicht zum Munde, um Sie zu beruhigen. Das ist meine feste biblische Überzeugung.»

Der jungen Dame kommen die Tränen.

«Ich will es hören und mir zusprechen lassen. Ich brauche es dringend. Das vierte Gebot: ‹Du sollst deinen Vater und deine Mutter ehren›, ist mir heilig. Wenn ich meine Mutter hasse, bin ich verloren. Ich fühle mich dann wie eine Ausgestoßene. Können Sie das verstehen?»

Sie macht eine Pause.

Ich nicke ihr zu und spüre, dass sie mir noch etwas sagen will.

Sie druckst herum und sucht nach Worten.

Ich halte mich zurück und lasse ihr Zeit.

«Glücklich wäre ich, wenn Sie mich noch einmal segnen würden. Das letzte Mal hat Ihr Segen mir wenigstens einige Tage tiefen Frieden beschert. Ich *will* es Gott zutrauen ... Nein, ich *werde* es Gott zutrauen ...»

Anja lächelt das erste Mal.

«Ja, ich *werde* es Gott zutrauen, dass er mich von dem bösen Geist befreit.»

Ich gehe einen Augenblick in mich, lege ihr die Hände auf und bete: «Heiliger treuer Gott und Herr, du hast alle Macht im Himmel und auf der Erde. Dir unterstehen alle Mächte und Gewalten. Und darum gebiete ich in deinem Namen und in deiner Vollmacht dem bösen Geist Castor, wer immer er auch sein mag, dass er Anja in Ruhe lässt und von allen Quälereien Abstand nimmt. Wir verlassen uns auf deinen Beistand und auf die Kraft deines Heiligen Geistes. Ich bitte dich im Namen Jesu, Anja zu segnen und ihr den Frieden zu schenken, den sie sich ersehnt. Ich danke dir, dass du uns hörst und erhörst. Amen.»

Anja ist sichtbar erleichtert. Ihre Augen stehen nicht mehr ängstlich weit offen. Und über ihre Wangen rollen ein paar Tränen.

Wir verabschieden uns, und sie sagt: «Ich hoffe zuversichtlich, ich muss nicht mehr zu Ihnen kommen.»

Wochenlang höre ich von der jungen Dame nichts mehr. Doch etwa ein Vierteljahr später erhalte ich von Anja einen Brief. Neugierig und gespannt öffne ich das Schreiben.

Lieber Herr Ruthe!

Als ich das letzte Mal bei Ihnen war, bin ich glücklich und zufrieden nach Hause gefahren. Ich hatte ein ausgesprochen gutes Gefühl. Sie hätten mich sehen sollen! Die Befreiung, um die wir gebeten haben, hat bis heute angehalten. Ich bin von Castor nicht mehr belästigt worden. Und das Schönste, meine Hassgefühle gegen meine Mutter sind vorbei. Wir haben heute wieder ein inniges und herzliches Verhältnis. Wie schön, dass alles wieder im Lot ist und ich ohne Anfechtung glauben kann.

Liebe Grüße,
Ihre Anja

3. Wenn der Boden wackelt

Die beiden Eheleute Mirka und Hans-Peter Gabriel wohnen in einem attraktiven Einfamilienhaus ganz am Rande der Stadt. Nur einmal in der Stunde hält ein Bus an einer Haltestelle in der Nähe.

Mischwald im Hintergrund, hohe Buchen, die schon einige Jahrzehnte alt sind, und Fichten in verschiedenen Größen.

Vor dem Haus haben Eltern und Kinder einen gepflegten Garten angelegt. Gabriels haben einen dichten Zaun um Haus und Garten gezogen, denn morgens oder am frühen Abend sind Kaninchen und Rehe unterwegs, die schon oft die Himbeersträucher, die Salatbeete, das Möhrenfeld und die Blumenstauden abgefressen haben.

Eine himmlische Ruhe umgibt das Haus. Es liegt am Ende einer Sackgasse. Wer weiter will, landet im Wald.

Eines Tages ist es mit der himmlischen Ruhe bei Gabriels drinnen und draußen vorbei. Vater Gabriel ist ein tüchtiger Handwerker, der leider als Monteur etwa zwölf Stunden pro Tag außer Haus ist.

Er redet nicht viel, er packt überall zu. Im Umkreis von über hundert Kilometern muss seine Heizungsfirma Kunden betreuen, und Hans-Peter Gabriel macht sich gern auf den Weg, um die schwierigsten Aufgaben für den Chef zu lösen. Er ist zuverlässig, macht niemals leere Versprechungen und hält verabredete Termine ein.

Mirka Gabriel ist eine ganz andere Person. Sie braucht Menschen, um sich wohlzufühlen. Sie braucht den Austausch. Mit ihren erwachsenen Kindern pflegt sie einen innigen Kontakt.

Die älteste Tochter Elvira ist Lehrerin und kommt mittags in der Regel nach Hause.

Sohn Martin hat Abitur gemacht und ist auch an den meisten Tagen zum Mittagessen im Haus.

Für die Mutter ist es eine Wohltat, die Kinder um sich zu haben. Sie geht mit ihnen in Konzerte und ins Theater. Elvira und Martin sorgen immer für ausreichend Gesprächsstoff.

Seit Neustem hat die Tochter allerdings einen Freund, Harry. Sie trifft sich mit ihm zweimal in der Woche. Mutter Gabriel mag den möglichen Schwiegersohn durchaus, aber er stört ihren Seelenfrieden, er stört den Austausch, ja, er wirkt wie ein Störenfried, weil er ihr die Tochter ausspannt. Einige Male ist es schon mit Elvira zu hässlichen Auseinandersetzungen gekommen. Mirka hat ihrer Tochter vorgeworfen, von ihr vernachlässigt zu werden. Zum ersten Mal hat die Tochter erzürnt reagiert.

«Du bist ja nur eifersüchtig auf den Harry! Glaub ja nicht, dass du mich ans Haus fesseln kannst!»

Starker Tobak.

Eine Unverschämtheit der Ältesten.

Mutter Gabriel hat am Abend einige Stunden geweint und konnte sich nicht wieder beruhigen. Dem Sohn hat sie ihren Kummer gebeichtet. Martin hat aber nur abgewinkt und der Szene keine Bedeutung beigemessen.

«Das ist der Lauf der Zeit. Das gehört zum Leben», hat er lakonisch gesagt.

Ihrem Mann kann sie die Gefühle nicht erzählen. Er hört ihrer Meinung nach zwar zu, interessiert sich aber nicht ernstlich für solche Kinkerlitzchen. Denn in den Augen ihres Mannes sind solche Abläufe Kinkerlitzchen.

Er kann sie nicht trösten.

Er kann sie nicht auffangen.

Er kann sie nicht richtig verstehen.

Ihr Mann ist aus einem anderen Holz geschnitzt. Er ist sachlich wie ein Holzschuh. Über Heizkörper, über Isolatoren und über den günstigsten Ölverbrauch kann er reden, über Gefühle und über Beziehungen schweigt er lieber.

Das ist nicht sein Bier.

Mutter Gabriel leidet darunter. Manchmal denkt sie ängstlich: «Wehe, wenn ich meine Kinder nicht hätte! – Wehe, wenn ich allein in dem Haus leben müsste!»

Es kommt die Weihnachtszeit, und eine böse Bescherung bahnt sich an. Tochter Elvira kommt einen Tag nach dem zweiten Advent aus der Schule verspätet nach Hause.

Sie war beim Arzt. Bei einem Frauenarzt.

Die Mutter empfängt sie aufgeregt an der Haustür.

«Wo bleibst du so lange? Ich bin schon ganz unruhig, du hast mir nicht gesagt, dass du heute später kommst. Die Rouladen werden kalt. Ich habe sie extra dir zuliebe gemacht.»

Die Tochter muffelt einige Sätze vor sich hin. Die Mutter läuft unruhig hinter ihr her. Die Tochter hat ihren Mantel an die Garderobe gehängt und ihre Schuhe ausgezogen. Sie gehen zusammen in die Küche und setzen sich.

«Du siehst schlecht aus!»

Die Mutter macht ein besorgtes Gesicht.

«Mir geht es auch schlecht», sagt die Tochter.

«Was ist denn los? Was ist passiert?»

Die Mutter hat eine böse Befürchtung.

Die Tochter schaut die Mutter einen Augenblick in sich versunken an. Sie fragt sich, ob es geraten ist, der Mutter alles anzuvertrauen.

Dann gibt sie sich einen Ruck, und schon ist es raus.

«Ich erwarte ein Kind von Harry. Im nächsten Jahr werden wir sofort heiraten.»

Die Mutter schlägt die Hände vors Gesicht. Ein tiefes Erschrecken erfasst sie von Kopf bis Fuß.

«Nein, das kannst du mir nicht antun! Nein, das kannst du mir nicht antun!»

Die Tochter wird ärgerlich.

«Das ist alles, was du dazu zu sagen hast?»

Sie dreht der Mutter den Rücken zu: «Ich werde schwanger, und das erschlägt mich im Tiefsten, und du sagst, dass ich *dir* was antue?! Sag mal, was ist eigentlich mit dir los?»

Der Mutter schießen die Tränen in die Augen. Sie schluchzt und schüttelt sich. «Du bist froh, aus dem Hause zu kommen, wahrscheinlich willst du das Kind sogar!»

Die Tochter reißt sich herum und schreit der Mutter ins Gesicht: «Du bist ja nicht gescheit! Was wird jetzt aus meiner beruflichen Karriere? Unsere gemeinsamen Pläne sind alle über den Haufen geworfen.»

«Aber ich fühle mich wie eine im Stich Gelassene. Ich sitze hier allein. Das halte ich nicht aus!»

Elvira versucht es beruhigend.

«Aber du hast doch Vati!»

Mutters Weinen und Schluchzen wird stärker. Elvira nimmt sie in die Arme, und beide kämpfen mit den Tränen. Dann macht sich die Tochter los.

«Ich will jetzt erst mal was essen, dann komme ich auf andere Gedanken.»

Die Mutter bleibt vornübergebeugt auf dem Stuhl sitzen und trocknet ihre Tränen. In Abständen kommt ein tiefer Seufzer aus ihrem Innern.

Weihnachten wird ein trübes Fest.

Frau Gabriel hat keine Lust, die Räume adventlich zu schmücken.

Der Mann hat einen Weihnachtsbaum angeschleppt, der bis zum Heiligen Abend auf dem Balkon gestanden hat.

Sonst wurden Baum und Räume schon am dritten Advent festlich geschmückt. Jetzt ist die Trauer eingezogen.

Sonst war Frau Gabriels ganzer Stolz ein Baum, der von Kindern, Nachbarn und Gästen bewundert wurde.

Jedes Jahr hatte der Baum eine andere Farbe. Mal trug er goldene Schleifen, Kugeln und goldfarbene Kerzen, mal war er von oben bis unten in Silber getaucht.

Die Frau des Hauses läuft bedrückt und verstört herum. Die Lustlosigkeit steckt ihr in allen Gliedern.

Die Tochter ist ständig unterwegs, wenn sie die Schule hinter sich hat, um die Hochzeit im Januar vorzubereiten. Für das Weihnachtsfest und für die liebe Mutter hat auch sie keine Zeit.

Auch Martin, der Sohn, ist oft nachmittags und abends unterwegs. Er bemüht sich um einen Studienplatz an der Uni in Aachen. Für angehende Diplom-Ingenieure wird diese Universität besonders empfohlen. Aber er ist abgelehnt worden. Jetzt besteht die Gefahr, dass er bald zum Bund eingezogen wird.

Den Wehrdienst verweigern will er nicht. Also muss er jederzeit mit der Einberufung rechnen.

Unverschämterweise vertritt auch Martins Freundin die Meinung, es täte seiner Selbständigkeit gut, mal für eine Weile das Hotel Mama zu verlassen.

Und sein bester Freund hat ihm frank und frei ins Gesicht gesagt, er wirke wie ein «artiges Muttersöhnchen».

«Du kleidest dich wie Mutters Bubi. Dein Geschmack wird von oben bis unten von Mutti bestimmt. Es fehlt nur noch, dass sie dich von der Schule abholt!»

Das alles trifft Muttis Martin wie eine Keule.

Jeder Satz ein Schlag gegen das angeknackste Selbstbewusstsein.

Jeder Gedanke ein Tritt gegen das Schienbein eines angehenden Mannes.

Gut, dass seine Mutter alle diese Dinge nicht weiß.

Aber, was beide Kinder nur verschwommen ahnen, Mutter leidet wie ein verlassenes Kind, dem man beide Eltern nehmen will.

Frau Gabriel rennt ohne Konzept durchs Haus. Die Schwangerschaft der Tochter und die drohende Einberufung des Sohnes haben ihre Stimmung auf den Nullpunkt befördert.

Ihr Mann bleibt abends noch länger aus, weil er mit seiner Frau nichts anfangen kann.

Sie jammert ihm die Ohren voll, und er steht hilflos daneben.

Mitte Januar soll die Hochzeit von Elvira und Harry stattfinden.

Die Schwangerschaft hat dem Paar auch ein paar dicke Probleme beschert.

Eine Wohnung muss gesucht und gefunden werden.

Möbel müssen gekauft und weitere tausend Dinge müssen noch bedacht werden.

Elviras Mutter läuft wie abwesend neben der Tochter her. Sie ist wie gelähmt und handelt wie betäubt.

Harry besucht im Harz ein Management-Seminar. Schon lange war in der Firma die Ausbildung angeleiert. Nur an den Wochenenden kommt er nach Hause. Elvira muss häufig auf seinen Rat verzichten. Sie hängen viel am Telefon und am Handy.

«Ich bin gespannt, wie ihm alles gefällt, was ich ausgesucht habe. Wahrscheinlich wird er sich wundern! Na und?»

Mutter Mirka nickt. Sie hört die Sätze, ist aber oft ganz woanders.

Elvira hat inzwischen eine neue Wohnung gekauft.

Am Wochenende ist Harry, ihr zukünftiger Mann, zu Hause und hat mit unterschrieben.

Die ersten Bilder hängen, und der erste Teppich liegt bereits.

Fast jeden Abend klingelt das Telefon in der neuen Wohnung und Elvira muss die Mutter trösten, die mit dem Auszug der Kinder nicht fertig wird.

Mutter fühlt sich im Stich gelassen und von depressiven Stimmungen niedergedrückt. Sie weint immer wieder und vermisst den Ansprechpartner.

Elvira fühlt sich gestört, wird an der Einrichtung ihrer Wohnung gehindert, reagiert ungehalten und fährt der Mutter über den Mund.

Martin fühlt sich ebenfalls überfordert. Ihm ist es nicht möglich, die Schwester zu vertreten und den Partnerersatz für Mutter zu spielen.

Er ist auch nicht bereit, eine andere Hochschule für sein Studium zu wählen, so rückt die Einberufung in bedrohliche Nähe.

Er leidet darunter, dass Mutter immer unleidlicher wird, weint und klagt, sich betrogen fühlt und über Lebensüberdruss jammert.

«Wenn es so weitergeht, könnt ihr mich auf dem Friedhof besuchen. Hier im Haus werde ich verrückt. So nahe am Wald. Wenn mich hier jemand überfällt, kräht kein Huhn und kein Hahn nach mir, ihr seid alle weg.»

Martin wehrt sich. «Du bist nicht völlig allein. Schließlich wohne ich noch hier, und Vati kommt jeden Abend nach Hause.»

Mutter Gabriel lässt sich nicht beruhigen. «Wenn du eingezogen wirst, bin ich hier zwölf Stunden allein, abgeschnitten von allen Menschen. Ich bin eine Frau und kann mich nicht wehren.»

Der junge Mann gibt nicht auf. «Dann bauen wir eben

eine Alarmanlage ein. Ein Knopfdruck, und schon kommt Hilfe.»

Die Mutter seufzt ohnmächtig. «Vor Angst kann ich keinen Knopf mehr bedienen. Du kennst meine Angst nicht, sie macht mich bewegungsunfähig.»

Martin geht auf seine Mutter zu, die nimmt ihn dankbar in ihre Arme.

«Wenn du so weitermachst, kannst du dich vor der Hochzeit noch in eine Klinik bringen lassen. Du hast ja jede Selbstkontrolle verloren!»

Mutter hängt sich an Martin, der einen Kopf größer ist. Ihre Arme halten den großen und schlanken Mann umfangen.

«Jawohl, ich habe allen Mut und alle Selbstbeherrschung verloren. Ich weiß nicht, wie es weitergehen soll!»

Mutter malt das Morgen in den schwärzesten Farben.

Mitte Januar findet die Hochzeit von Elvira und Harry in der kleinen Dorfkirche ihres Wohnortes statt.

Der Gospelchor der Gemeinde, dem Elvira angehört, ist mit zwanzig Personen erschienen. Und die dritte Klasse der Grundschule, die die Lehrerin betreut, sitzt vollzählig auf der rechten Seite der Kanzel.

Elvira hat ein blütenweißes Kleid an, in der Hand hält sie einen kleinen Strauß roter Rosen.

Ihr Bauch ist kaum gewölbt, das Kind, das in ihr lebt, ist etwa vier Monate alt.

In der ersten Reihe auf der linken Seite der Kanzel sitzen Mutter und Vater Gabriel und die Eltern von Harry. Frau Gabriel hat ein völlig verweintes Gesicht. Sie ist dünner geworden. In den letzten Wochen hat sie viele Pfunde eingebüßt. Neben ihr sitzt Hans-Peter Gabriel, heute in einem schwarzen Anzug mit einer silberfarbenen Krawatte. Er sitzt reglos da, verzieht keine Miene und leidet darunter, dass seine Frau jetzt ohne eine intensive Gesprächspartnerin auskommen muss. Er ist überzeugt, dass er Elvira nicht ersetzen kann.

Etwas hilflos und schüchtern sitzt Elviras Bruder Martin neben seiner Mutter.

Neben Harrys Eltern sitzen noch zwei Schwestern, die etliche Jahre jünger sind als der älteste Sohn. Sie kichern immer wieder, halten sich die Hände vor den Mund und versuchen, ihre Kommentare zu unterdrücken.

Die Kirche ist nur ein wenig geheizt. Draußen friert es, und eine dünne Schneeschicht hat das Gotteshaus in Weiß gehüllt.

Die Orgel spielt leise und gibt den Besuchern zu verstehen, dass sie sich in einem Gotteshaus befinden und nicht in einem beliebigen Lokal.

Der Pastor hat vorn vor den Schulkindern Platz genommen. Er sitzt allein in der Bank.

Die Glocken haben fünf Minuten vor Beginn des Gottesdienstes zu läuten begonnen und zeigen an, dass die Zeremonie in Kürze anfangen kann.

Als die letzten Glockentöne verstummen, erhebt sich der Pastor, begrüßt das Brautpaar, die anwesenden Gäste und Gemeindeglieder. Er kündigt das erste Lied an, das sich die Brautleute für die Feier gewünscht haben.

Lobet den Herren alle, die ihn ehren;
lasst uns mit Freuden seinem Namen singen
und Preis und Dank zu seinem Altar bringen.
Lobet den Herren!

Elvira und Harry, die beide auf den Stühlen vor dem Altar Platz genommen haben, sind bewusste Christen, mit dem Pfarrer befreundet, der beide auch mit Du anspricht.

Dann singt der Gospelchor ein bekanntes Spiritual:

Komm, sag es allen weiter,
ruf es in jedes Haus hinein!
Komm, sag es allen weiter:
Gott selber lädt uns ein.
Sein Haus hat offne Türen,
er ruft uns in Geduld,
will alle zu sich führen,
auch die mit Not und Schuld.

Jetzt muss auch Elvira ihren Schleier tief ins Gesicht ziehen. Sie kann ihre Tränen nicht zurückhalten.

Liebevoll reicht ihr der Bräutigam ein Taschentuch. In der Eile hat Elvira vergessen, ein Tuch für alle Fälle parat zu haben.

Gäste und Gemeindeglieder schauen immer wieder auf Frau Gabriel, die vor Glück oder vor Trauer – die meisten wissen nicht, wie es in ihrem Innern aussieht – ihre Tränen im Taschentuch erstickt.

Nach dem Spiritual tritt der Pfarrer eine Stufe vor dem Altar hinauf und predigt von da über den Text aus dem ersten Korintherbrief, Kapitel 13, die Verse 4 und 5 (unrevidierte Gute Nachricht):

Wer liebt, ist geduldig und gütig.
Wer liebt, der ereifert sich nicht,
er prahlt nicht und spielt sich nicht auf.
Wer liebt, der verhält sich nicht taktlos,
er sucht nicht den eigenen Vorteil
und lässt sich nicht zum Zorn erregen.

«Liebes Brautpaar, liebe Gäste und Freunde!

Elvira und Harry haben sich diese Verse aus dem ersten Korintherbrief gewünscht. Beide wissen, dass sie mit ihrer menschlichen Liebe keine Ehe ein Leben lang aufrecht erhalten können.

Unsere menschliche Liebe ist *brüchig.*

Unsere menschliche Liebe ist *ungeduldig.*

Unsere menschliche Liebe ist *egoistisch.*

Unsere menschliche Liebe ist *taktlos.*

Unsere menschliche Liebe ist leider auch *immer wieder schnell am Ende.*

Hier steht im Grundtext das Wort ‹agape›, eine Liebe aus Christus, durch Christus und mit Christus. Diese göttliche Liebe muss täglich unsere menschlich abnutzbare und ichsüchtige Liebe erneuern, heiligen und durchdringen, damit wir ein Leben lang aus tiefstem Herzen Ja zueinander sagen können.»

Der Pfarrer spricht etwa zehn Minuten und schließt mit einem Gebet die Predigt ab.

Dann erheben sich Elvira und Harry, auch die Gemeinde steht auf, und die beiden werden vor Zeugen und dem lebendigen Gott gefragt, ob sie in Freud und Leid, in guten und bösen Tagen sich lieben wollen und einander die Treue versprechen. Beide schauen sich dabei an und sprechen ein deutliches Ja. Der Pfarrer reicht ihnen auf einem silbernen Tablett die goldenen Ringe, die jeder dem anderen an den Finger steckt.

Dann segnet der Pfarrer das getraute Paar und anschließend Eltern, Geschwister und die Gemeinde.

Elvira und Harry küssen sich innig vor allen Anwesenden.

Frau Gabriel ist sitzen geblieben. Ihre Kräfte haben sie verlassen. Sie weint und versteckt ihr Gesicht, das von heftigen Zuckungen geschüttelt wird, in dicken Handschuhen.

Elvira hat sich bei ihrem Frischangetrauten fest eingehängt. Wolken stellen sich vor ihre Freude.

«Ich habe ein ganz böses Gefühl», sagt sie und lässt sich

von ihm zu Fuß in den Gemeindesaal geleiten, wo gefeiert wird.

Die Tische sind mit bunten Blumen, schönen Servietten und vor allem mit Obsttorten und Sahne einladend geschmückt. Ein starker Kaffeeduft zieht durch den Gang und den Saal.

Etwa dreißig Gäste sind eingeladen, die über den Kirchplatz in den Gemeindesaal gekommen sind. Die Kinder stehen noch in kleinen Gruppen vor der Kirche, gestikulieren laut und wünschen dem Brautpaar, das sich von ihnen verabschiedet, Gottes Segen für die Zukunft.

Am Tisch, wo die Neuvermählten Platz genommen haben, an dem auch die Schwiegereltern von Elvira sitzen, dazu Elviras Bruder und die zwei Schwestern von Harry, bleiben zwei Stühle leer.

Mirka Gabriel und ihr Mann Hans-Peter haben sich nach der Feier von Tochter und Schwiegersohn verabschiedet und auf den Heimweg gemacht.

Mutter Gabriel ist von Schmerz und tief greifenden Gefühlen so zerrissen, dass sie der Feier im Gemeindesaal fernbleiben will.

Als beide ins Auto steigen, zeigt sich ihr Mann äußerst ärgerlich.

«Ich komme auf alle Fälle zurück», sagt er verbittert, «du hast uns allen die schöne Feier verdorben. Ich bin entsetzt. Dafür habe ich kein Verständnis!»

Zu Hause angekommen, legt sich Mirka Gabriel ins Bett. Sie kann nicht mehr. Ihre Nerven spielen nicht mehr mit. Ihr Mann hat sie wütend ins Schlafzimmer begleitet und ruft ihr zu: «Ich fahre ins Dorf, zurück zum Gemeindesaal. Auf dem Nachttisch liegt das Handy. Wenn du was willst, sag Bescheid. Notfalls kann ich dich ja noch abholen!»

Er lässt die Schlafzimmertür ins Schloss fliegen. Der

Knall schallt durchs ganze Haus. Unten schließt er die Haustür zu und steigt in sein Auto.

Im Gemeindesaal geht die Hochzeitsfeier weiter. Das Kaffeetrinken ist beendet. An allen Tischen wird laut geredet. Mutter Mirka wird vermisst, aber die Gespräche kreisen längst um andere Themen. Vater Hans-Peter ist der Einzige, der laut und leidenschaftlich seine Frau kritisiert und ihr eine unangebrachte Empfindlichkeit und Undankbarkeit unterstellt.

«Wir haben alles, ein schönes Haus in ruhiger Lage, keine Schulden, zwei gut geratene Kinder. Heute die schöne Hochzeit! Ich weiß nicht, was wir noch mehr wollen.»

Seine Tischnachbarn geben keinen Kommentar.

Tochter Elvira zähmt ihre Stimme, um den Vater vor versammelter Mannschaft nicht zu brüskieren.

«Du bist zufrieden, das mag sein. Aber Mutti ist todunglücklich. Sie sitzt allein in dem schuldenfreien Haus. Prima. Du kommst abends spät nach Hause. Ich bin nicht mehr da, und Martin ist auch nicht der Redseligste.»

Der Vater verteidigt sich: «Bin ich ungerecht, wenn ich ihr Undankbarkeit unterstelle?»

Jetzt mischt sich Martin ins Gespräch ein.

«Ja, Vati, du bist ungerecht. Dein Beruf füllt dich offensichtlich aus. Du kommst spät nach Hause, wirst von Mutter verwöhnt, aber für Gespräche stehst du nicht zur Verfügung. Du willst abschalten, du willst in Ruhe gelassen werden, oder stimmt das nicht?»

Die Verwandten schauen schweigend vor sich hin auf leere Teller, nippen verlegen an ihren Weingläsern und halten sich aus dem Familienkonflikt heraus.

Der Vater schaut fragend in die Runde. Er spürt, dass ein hässlicher Streit in der Luft liegt. Er will die Wogen glätten und sagt kleinlaut: «Vielleicht habt ihr ja Recht! Wahrscheinlich muss ich etwas ändern!»

Tochter Elvira streckt ihrem Vater die Hände über dem Tisch entgegen.

«Das ist ein glänzender Gedanke. Wenn du ihn verwirklichst, wäre das das schönste Hochzeitsgeschenk für mich.»

Das ist für Ehepartner Harry der Anlass, das Weinglas zu erheben und einen speziellen Toast auf Mutter Mirka auszusprechen.

«Außerdem warten meine kleinen Schwestern schon, uns ein selbstverfasstes Gedicht vorzutragen. Bitte schön!»

Die Schwestern zücken ihre Zettel aus den Taschen, erheben sich und geben ein Potpourri glänzender Gedanken aus dem Leben der jungen Brautleute wieder.

Alle Gäste klatschen freundlich.

Längst ist die Dunkelheit hereingebrochen.

Kerzen werden angezündet.

Eine Zweipersonen-Band, Schifferklavier und Saxophon, ist inzwischen in Stellung gegangen und kündigt Tanzeinlagen bis zum Abendessen an.

Den Ehrentanz, einen Straußwalzer, legen Elvira und Harry aufs Parkett.

Dann kapert sich Vater Hans-Peter seine Tochter, und die Schwiegermutter tanzt mit ihrem Sohn Harry. Die Musikstücke werden schnell und zügig gespielt. Die Alten ringen um Atem und sind froh, von jungen Leuten beim Tanz abgelöst zu werden.

Nach dem Abendessen gibt es noch einmal viel Zeit zum Tanzen.

Zwischendrin werden Bilder aus dem Leben des Brautpaars gezeigt. Bruder Martin und die Schwestern von Harry haben Fotos und Dias zusammengestellt, und alle ergötzen sich an den einmaligen Kinderaufnahmen.

Die Stunden bis Mitternacht sind kurz. Dann schauen – vor allem die älteren Semester – auf die Uhr, und die Hälfte der Gäste bewegt sich zur Garderobe. Minuten später hat sich der Saal teilweise geleert. Der Rest hält es noch bis ein Uhr aus, aber dann lässt sich die Müdigkeit nicht mehr abschütteln. Das Brautpaar ist glücklich, alles hinter sich zu haben, und freut sich auf das eigene Heim.

Der Tag nach der Hochzeit beginnt für Mirka Gabriel mit einer Überraschung. Sie hat mit Schlaftabletten eine ruhige Nacht verbracht, schon früh ihrem Gatten das Frühstück bereitet und sich fertiggemacht, um Tochter und Schwiegersohn in ihrem neuen Domizil zu besuchen. Elvira hat es Mutter erlaubt, kurz vor Mittag zu klingeln, das Essen herzurichten und die beiden bis zum Flughafen zu begleiten. Die Brautleute wollen eine achttägige Hochzeitsreise nach Teneriffa unternehmen. Mehr Urlaub konnten beide bei Schule und Firma nicht herausholen.

Als Mirka Gabriel das Haus verlassen will, um sich ihrem Kleinwagen anzuvertrauen, erlebt sie eine merkwürdige Erschütterung in ihrem Körper.

Kaum hat sie die Stufen des Hauses verlassen, da kommt es ihr vor, als wenn sich der Boden unter ihr bewege.

Ein Schrecken fährt ihr in alle Glieder. Sie stürzt zur Treppe zurück und muss sich auf den Stufen niederlassen. Die Kälte draußen lässt es nicht zu, länger dort zu sitzen.

Sie versucht sich aufzurichten und kriecht auf allen vieren zurück zur Haustür. Der Schwindel oder die Verwirrung, was immer es auch war, lässt nach. Sie kann mit großer Anstrengung das Haus aufschließen und ist froh, sich auf dem Sofa im Wohnzimmer niederlassen zu können. Vorsichtig überprüft sie die Funktion aller Gliedmaßen. Arme und Beine gehorchen ihren Vorstellungen.

Ihr erster Gedanke: «Hoffentlich war es kein Schlaganfall! Wie oft hört man heute sogar von jungen Leuten, dass sie von Schlaganfällen heimgesucht werden.»

Mirka Gabriel erhebt sich vorsichtig. Sie kann ohne Gleichgewichtsstörungen stehen bleiben. Einen Augenblick überlegt sie, Elvira und Harry anzurufen und sich abholen zu lassen. Dann macht sie sich Mut und unternimmt den zweiten Versuch, mit dem Auto das junge Glück zu besuchen. Wieder schließt sie die Tür ab und setzt ihre Füße auf die Stufen vor dem Haus.

Kaum hat sie den ersten Fuß auf den gefrorenen Boden vor den Treppenstufen gesetzt, da beschleicht sie erneut das verrückte Gefühl, dass die Erde wackelt.

Sie spricht vor sich hin: «Der Boden ist wie Pudding. Nichts Festes, ich habe keinen Halt.»

Für einen Augenblick lässt sie sich auf die Stufen zurückfallen, um den Schock zu überwinden. Aber die Kälte lässt es nicht zu, dort zu sitzen. Wieder auf allen vieren kriecht Mirka Gabriel die Stufen hoch, richtet sich vor der Haustür auf, öffnet sie und stürzt wie von Sinnen ins Wohnzimmer. Vor ihr auf dem Beistelltisch liegt das Handy. Auf dem Sofa versucht sie sich zu beruhigen.

«Mir bleibt nichts anderes übrig, ich muss die beiden anrufen. Was ist nur mit mir los?»

Halb im Sitzen zieht sie das Handy zu sich und wählt die Nummer von Elvira.

Die Uhr zeigt inzwischen auf 11. Um 16 Uhr geht das Flugzeug von Düsseldorf. Die Tochter hebt den Hörer ab.

«Elvira, meine Liebe! Im Augenblick mache ich nur Kummer! Gestern war ich völlig von der Rolle. Und heute, stell dir vor, will ich zu dir fahren, und – ich wage es gar nicht auszusprechen – der Boden trägt mich nicht mehr. Er gibt wirklich nach wie Pudding. Ich kann einfach nicht sicher auftreten, ich bin zurück auf die Stufen gefallen. Zweimal habe ich einen Versuch unternommen. Es geht wirklich nicht.»

Der Tochter verschlägt es die Sprache. Sie kann nur «Ja, ja» stottern und überlegt, was schnellstens geschehen muss.

«Mutti, ich mache mir große Sorgen. Ich komme mit Harry sofort und bringe dich zum Arzt. Wer weiß, was mit dir ist!»

Mutter Mirka versucht einige Gegenargumente, aber Tochter Elvira lässt sich nicht abschütteln.

«Keine Widerrede! Wir wollen kein Risiko eingehen. Ich rufe von hier aus Papi an, der soll alles stehen und liegen lassen, dann sehen wir weiter!»

Ehe noch Mutter etwas antworten kann, hat Elvira das Telefon abgeschaltet.

Es dauert keine halbe Stunde, da steht das Auto der Tochter auf dem Hof. Sie ist ohne ihren Mann gekommen.

«Zieh dir Jacke und Mantel an. Ich nehme dich fest in den Arm, damit du nicht fällst, und wir beide fahren zum Arzt.»

Wenn es drauf ankommt, kann sich Elvira durchsetzen. Sie hat die Kontaktfähigkeit von Mutter und die Durchsetzungskraft vom Vater geerbt.

Mutter Mirka steht unschlüssig im Flur und versucht, die Tochter zu umarmen. Elvira hakt sich bei der Mutter unter und schiebt sie zur Tür. Mirka hängt wie ein schwerer Sack an ihr.

Sie schließt die Haustür ab und zieht die Mutter hinter sich her.

Vor der letzten Stufe blockiert die Mutter. Sie erwartet wieder, dass ihr die Beine versagen. Sie schließt die Augen und geht an Elviras Seite, fest gestützt, bis zum Auto.

«Ich fahre dich zum Psychiater und Neurologen!», sagt Elvira, und ihre Stimme klingt fest.

Mutter Mirka lässt alles mit sich geschehen. Sie nickt nur, und die Tochter weiß nicht, was die Mutter wirklich denkt.

In der nächsten Stadt kennt Elvira die Namen einiger Ärzte vom Hörensagen. Persönlich ist ihr keiner vertraut.

Mutter Mirka hält während der Fahrt die Augen geschlossen. Sie hat sich in ein unbestimmtes Schicksal ergeben. Ihre Lippen formulieren Worte. Sie betet und legt alles in Gottes Hand.

Im Wartezimmer sitzen viele Patienten. Elvira hat mit der Sekretärin des Arztes gesprochen und den «Fall» dringend gemacht. Und tatsächlich, sie müssen nicht abwarten, bis alle Patienten im Wartezimmer behandelt sind. Schon nach einer halben Stunde werden beide ins Praxiszimmer gebeten.

Elvira schildert dem Arzt den gestrigen Hochzeitstag und die heutigen Ereignisse mit Mutter. Der Arzt fragt auch Mutter Mirka selbst nach ihrem Ergehen.

«Ich kann Ihnen nur wiederholen, was meine Tochter Ihnen gesagt hat. Als ich das Haus verließ und den Boden des Gartens betreten wollte, wurde mir schwindlig. Ich hatte das Gefühl, die Erde ist weich wie Pudding. Mir fehlte der Halt, ich fiel auf die Treppenstufen. Ich bin danach zurück ins Haus gekrochen, habe mich einige Minuten ausgeruht und bin ein zweites Mal gegangen. Und wieder das gleiche Spiel: Der Boden wackelt. Ich verliere den Halt.»

Der Arzt geht hinter seinen Schreibtisch, spricht über Telefon mit seiner Mitarbeiterin und sagt zu den beiden: «Ich vermute, es handelt sich um eine Agoraphobie, um eine plötzlich auftretende Platzangst, verbunden mit Panikattacken. Gleich gebe ich Ihnen eine Spritze, Sie werden sich ruhig und erleichtert fühlen. Und übermorgen kommen Sie wieder, dann prüfen wir, wie es Ihnen geht. Einverstanden?»

Frau Gabriel nickt nur.

Inzwischen hat die Mitarbeiterin die Spritze gebracht.

Mirka Gabriel wird gebeten, auf einer Liege Platz zu nehmen, legt einige Kleidungsstücke ab und erhält vom Arzt die Spritze.

Innerhalb von zehn Minuten sitzen Mutter und Elvira wieder im Auto und fahren ins Dorf zurück.

Mutter sieht zufrieden aus. Ihre Gesichtszüge sind entspannt. Hektik und Unruhe sind abgefallen. Und sie sagt: «Ich kann es fast nicht glauben, aber ich fühle mich wie ein neuer Mensch. Die Spritze hat meine Seele umgekrempelt. Seit Wochen habe ich mich nicht so locker erlebt.»

Elvira ist tief beglückt, denn sie denkt mit Schrecken daran, dass um 16 Uhr in Düsseldorf das Flugzeug abhebt.

Sie bleibt mit dem Auto an einer Bushaltestelle stehen und ruft ihren Harry an, der sicher gespannt auf eine Nachricht von ihr wartet. Sie wählt eine Nummer und hält das Handy ans Ohr.

«Hallo, Liebster, hier spricht Elvira. Ich war mit Mutti beim Arzt. Sie soll eine Agoraphobie, eine Platzangst, haben. Er hat ihr eine Beruhigungsspritze gegeben, und sie sitzt jetzt entspannt und locker neben mir im Auto. Wir sind in einer Viertelstunde bei dir.»

Elvira vernimmt ein deutliches Aufatmen.

«Gott sei Dank!», hört sie aus der Muschel, «wir fahren gemeinsam irgendwo zum Essen, bringen dann Mutter nach Hause und fahren anschließend sofort nach Düsseldorf zum Flughafen. Ist das gut so?»

«Einverstanden!», sagt Elvira und beendet die Verbindung.

Mutter Mirka schaut keinen Augenblick verwirrt oder entgeistert die Tochter an. Ruhig lächelt sie in sich hinein und genießt offensichtlich die Wunderdroge, die ihr der Arzt gespritzt hat.

Nach dem Mittagessen in einem kleinen Restaurant liefern Elvira und Harry die Mutter zu Hause ab.

In der Tür erwartet sie schon Sohn Martin, der sich viele

Sorgen gemacht hat. Er geht zum Wagen und begrüßt sie mit den Worten: «Inzwischen habe ich Papi erreicht, der kommt in knapp einer Stunde. Er hat sofort seine Aufträge in der Firma abgebrochen und ist auf dem Heimweg.»

Lächelnd hört sich Frau Gabriel alles an, steigt gelassen aus dem Auto und geht – rechts und links von Elvira und Harry eingehakt – die Stufen zum Haus empor. Sie lässt sich behandeln wie eine Marionette.

Die Kinder nehmen ihr Mantel, Schal, Handschuhe und ihre Ledertasche ab. Und sie lässt sich gelöst und von Schmerzen befreit aufs Sofa fallen.

Elvira und Harry geben Martin ein paar Hinweise, sich gut um die Mutti zu kümmern, beugen sich nacheinander über sie, drücken sie, küssen sie rechts und links auf die Wange und machen sich gemeinsam auf den Weg zum Flughafen.

Die Gepäckstücke hatte Harry schon zu Hause im Auto verstaut.

Mutter Mirka sitzt wie abwesend auf dem Sofa, strahlt ihre Kinder an und weiß offensichtlich nicht, was um sie herum genau geschieht.

Ihre Stimmung ist wohl gut, aber den genauen Durchblick scheint sie verloren zu haben.

Kaum haben Elvira und Harry das Haus verlassen, kommt Herr Gabriel auf dem Hof an. Er gibt der Autotür einen Stoß, stürmt eilig die Treppen hoch und erlebt seine Frau in einer merkwürdigen Stimmung. Fragend schaut er sie an, und Martin blickt sprachlos von einem zum anderen.

«Was ist denn passiert?»

Martin lässt sich aus der Reserve locken.

«Mutter war mit Elvira beim Arzt in der Stadt, ich meine, bei einem Psychiater. Der hat ihr eine Spritze gegeben. Harry und Elvira haben sie vor einer Stunde hier abgeliefert und sind jetzt auf dem Weg zum Flughafen.»

Herr Gabriel lässt sich seufzend auf einen Stuhl fallen. «Ich glaube, ich lebe in einem Tollhaus!» Er schaut seine Frau an. «Und was sagst du dazu, Mirka?»

Sie schaut ihn entspannt und leicht lächelnd an. «Ich bin jetzt total ruhig. Heute Morgen war alles komisch.» Sie bricht plötzlich ab und schaut ihren Mann an.

«Was heißt komisch?» Ihr Mann bohrt.

«Komisch heißt komisch, verstehst du das nicht?»

«Nein! Mit komisch kann ich nichts anfangen.»

«Es war aber so!»

«Was war so?», hakt ihr Mann nach.

«Der Boden auf dem Hof wackelte. Und da bin ich wieder ins Haus gegangen.»

«Wie kann der Boden wackeln? Das ist doch dummes Zeug.»

Herr Gabriel ist verärgert und fasst mit dem Zeigefinger an seine Stirn. Seine Frau lässt sich nicht aus der Ruhe bringen.

Sie lächelt und erzählt alles noch einmal: «Der Boden hat zweimal gewackelt, darum hat mir der Arzt doch eine Spritze gegeben, verstehst du das nicht? Elvira hat das verstanden, Harry auch. Nur du wieder nicht. Was verstehst du überhaupt?»

Der Mann rutscht auf seinem Stuhl hin und her. Er will jetzt seine Frau nicht kränken. Offensichtlich steht sie unter starken Medikamenten.

«Was hat der Arzt denn gesagt?»

Mirka schüttelt den Kopf. «Ich weiß es nicht mehr.»

Martin mischt sich ein. «Ich meine, Elvira hätte was von Platzangst erzählt, aber sicher bin ich nicht.»

«Ja, Martin, das war's, Platzangst hat er gesagt.» Dabei schaut die Mutter Martin an und lächelt wieder.

«Du bist also krank?»

Mirka nickt und sagt: «Das soll wohl so sein.»

Herr Gabriel ist über das Verhalten seiner Frau irritiert

und wendet sich seinem Sohn zu. «Haben wir denn kein Gesundheitslexikon oder etwas Ähnliches? Da muss doch drinstehen, was Mutter betrifft.»

Martin springt auf und geht in sein Arbeitszimmer. Er besitzt alle möglichen Lexika. Nach einer Weile kommt er zurück. Und blättert in einem dicken Wälzer.

Dann liest er laut vor: «Platzangst, griechisch Agoraphobie. Das Hauptmerkmal der Agoraphobie ist die Angst, sich an Orten oder in Situationen zu befinden, in denen eine Flucht schwierig wird. Die Angst führt üblicherweise zu einer anhaltenden Vermeidung vieler Situationen, wie zum Beispiel außerhalb des Hauses oder zu Hause allein zu sein.»

Vater Gabriel schüttelt den Kopf. «Ich kann damit nichts anfangen. Mir ist das alles unerklärlich.» Er spricht seinen Sohn an. «Aber Mutter hat doch in der Vergangenheit niemals mit so etwas zu tun gehabt. Und jetzt das. Kannst du das begreifen?»

Martin schüttelt den Kopf. Mit krauser Stirn schaut er seine Mutter an. Er sagt: «Mir ist es auch schleierhaft!»

Zwei Tage später.

Herr Gabriel hat schon um 6 Uhr das Haus verlassen. Sohn Martin ist um 8 Uhr zur Universität nach Köln gefahren. Vielleicht klappt es dort mit einem Studienplatz. Vor Ort will er sondieren.

Mirka Gabriel steht um 9 Uhr am Frühstückstisch und grübelt über ihr Schicksal nach.

Die wohltuende Wirkung der Spritze ist abgeklungen, und sie stochert ratlos im Marmeladenglas herum.

Elvira und Harry melden sich jeden Tag aus den Flitterwochen. Sie haben warmes Wetter, Sonnenschein und ein schönes Hotel erwischt. Ihre Stimmen klingen glücklich, nur die Mutter macht sich Sorgen.

Frau Gabriel würgt ein paar Bissen herunter, nippt an der Kaffeetasse und stellt alles auf den Spültisch.

Mit Elvira ist die Freude aus dem Hause ausgezogen.

Sie kommt nach der Schule nicht mehr heim, und Martin ist ebenfalls auf dem besten Wege, das Elternhaus zu verlassen.

«Ich muss auf andere Gedanken kommen!» Frau Gabriel spricht sich Mut zu. «Wenn ich mich gehen lasse, wird alles nur noch schlimmer. Ich werde gleich zum Markt fahren, werde frischen Fisch einkaufen und mich heute noch verwöhnen.»

Sie verstaut Brot und Butter, lässt heißes Wasser ins Spülbecken laufen und wäscht die wenigen benutzten Geschirrteile ab.

Um 10.15 Uhr will sie den Bus erreichen, der leider nur alle Stunde in ihrer Nähe hält.

Fünf Minuten nach 10 Uhr verlässt sie das Haus. Draußen schlägt ihr kalter Wind entgegen. Sie zieht den Schlüssel ab und denkt: «Hoffentlich ergeht es mir nicht wieder so wie nach dem Hochzeitstag von Elvira!»

Am Treppengeländer geht sie die wenigen Stufen bis zum Hof hinunter.

Ihre Ahnung löst im gleichen Augenblick eine Panikattacke aus. Sie will den rechten Fuß auf den Hof setzen, und schon findet er keinen Halt. Sie schreit los und lässt sich rücklings auf die Treppe fallen. Der Frost hält sie nicht lange auf den kalten Stufen.

Auf Händen und Füßen kriecht sie die wenigen Tritte hinauf, zieht sich an der Tür hoch, schließt sie auf und wirft sich im Wohnzimmer in Hut und Mantel aufs Sofa.

Ihr Herz rast, ihre Hände, Arme und Beine zittern. In der Brust spürt sie ein hässliches Beklemmungsgefühl. Ihre

Gedanken springen von einer Befürchtung zur anderen. Sie braucht einen Menschen, an dem sie sich festhalten kann. Sie braucht einen Menschen, mit dem sie reden kann.

Den Neurologen wird sie nicht anrufen, er hat ihr eine Spritze gegeben, die keine Heilung gebracht hat. Sie braucht einen Menschen, mit dem sie reden und kommunizieren kann. Frau Gabriel spürt, dass sie sich ihren Kummer von der Seele reden muss.

In ihrer Verzweiflung ruft sie ihren Mann an.

Er hat sein Handy dabei und reagiert ziemlich unwirsch. «Muss das sein? Du weißt doch, ich stecke mitten in der Arbeit. Du störst!»

«Und ich bin völlig durcheinander. Ich wollte vor einer halben Stunde aus dem Haus und bin wieder vor der Treppe zusammengebrochen. Der Boden trägt mich nicht. Auch wenn es Unsinn ist, er trägt mich wirklich nicht!»

Der Mann atmet schwer ins Telefon. «Fängt der Blödsinn schon wieder an?»

«Auch wenn es Blödsinn ist, ich kann das Haus nicht verlassen.»

Eine Weile dauert es, bis er antwortet. «Gut. Ich breche hier sofort meine Arbeit ab, rufe meinen Chef an und komme nach Hause.» Er wartet keine Reaktion ab und unterbricht die Verbindung.

Frau Gabriel ist erleichtert und bestürzt zugleich. Sie begreift, dass ihr Mann mit ihrem Befinden nichts anfangen kann.

Einige Stunden später steht Herr Gabriel mit seinem Auto auf dem Hof. Er lässt die Tür ins Schloss schlagen und springt die Stufen zum Haus hinauf. Während er rennt, spricht er vor sich hin: «Hier wackelt kein Boden. Was für eine schreckliche Einbildung!»

Sie empfängt ihn aufgebracht. «Du hast keine Ahnung,

wie ich mich fühle. Irgendwie habe ich die Kontrolle über mein Leben verloren. Ich kann nicht mehr klar denken.»

Hilflos steht er vor seiner Frau und streichelt ihr einige Male über den Kopf. «Ich habe mir überlegt, wir werden uns mit einem Therapeuten in Verbindung setzen. So geht das nicht weiter. Gleich rufe ich jemanden an, den wir durch Vorträge in der Gemeinde kennen. Vielleicht kann der uns helfen.»

«Oh, mir fällt ein Stein vom Herzen!», sagt die Frau und küsst ihn auf die Wange, «eine solche Reaktion habe ich gar nicht von dir erwartet.»

«Wir können doch nicht einfach alles so schleifen lassen!» Er macht sich los, sucht das Telefonbänkchen auf und holt aus der Schublade das Telefonbuch.

Zwei Stunden später sitzt das Ehepaar in meiner Praxis.

Persönlichkeitsstörungen und beunruhigende Krankheiten haben Vorrang.

Mirka Gabriel hat sich an ihren Gatten gehängt, der hat sie mehr getragen als geführt.

Die schlimmste Stelle war der Hof vor ihrem Haus. Die Frau reagierte mit einer starken Erwartungsangst und glaubte, sich nicht auf ihre Beine verlassen zu können.

«Ohne meinen Mann, allein, hätte ich es nicht zu Ihnen geschafft», sagt sie.

Und der Mann ergänzt: «Ich bin ratlos. Heute habe ich eine Außenmontage in K. sausen lassen. Mein Chef kann die Absprachen nicht einhalten. Das stört auch meine beruflichen Kreise gewaltig.»

«Aber Ihre Frau hat mit einer Panikattacke reagiert», werfe ich ein.

«Und was heißt das?», will Herr Gabriel wissen.

«Ihre Gattin hat einige Male mit einer intensiven Angst

und mit Unbehagen seelisch reagiert. Solche Attacken setzen oft ganz plötzlich ein. Man wittert eine drohende Gefahr oder ein Unheil und möchte fliehen.»

Er schüttelt den Kopf. «Aber sie hat doch gar keinen Grund, so zu reagieren. Uns geht es finanziell gut. Wir haben zwei Kinder, die uns Freude machen. Meine Frau hat alles, was sie braucht.»

Er schaut sie an: «Oder ist es nicht so?»

Die Frau schaut mich mit großen ängstlichen Augen an. «Es ist so, und es ist nicht so!», sagt Frau Gabriel.

Ich spreche die Frau an: «Und was ist nicht so?»

Sie holt tief Luft und reibt ihre verweinten Augen. «Ich bin entsetzlich allein. Meine Tochter hat geheiratet ...»

«... *unsere* Tochter!», geht ihr Mann dazwischen.

«Meinetwegen: *unsere* Tochter! Mit ihrem Mann ist sie in die Flitterwochen gefahren. Und unser Sohn wird ganz sicher in kürzester Zeit zum Bund eingezogen – und dann habe ich keinen Gesprächspartner mehr», sagt sie und hält sich die Hände vors Gesicht.

«Und Ihr Mann?», frage ich.

Er presst seine Lippen aufeinander und schaut irritiert zur Zimmerdecke hinauf.

«Mein Mann ist jeden Tag mindestens zwölf Stunden unterwegs.»

Er blickt zur Seite und geht dazwischen. «Du übertreibst. Ab und zu sind es elf Stunden, mehr nicht.»

«Die reichen ja auch. Anschließend bist du müde, und ich blase Trübsal!»

Er wendet sich mir zu. «Ja, meine Frau ist anspruchsvoll. Sie genießt das Häuschen im Grünen und möchte noch abends mit Gesprächen ergötzt werden.»

«Du ergötzt mich mit Schlafen und Fernsehen, und ich leide», sagt sie bissig.

«Wenn ich Ihr Problem richtig verstehe, handelt es sich

um eine Beziehungsstörung, die jetzt – durch den Weggang Ihrer Tochter – aufgebrochen ist.»

Jetzt trumpft der Mann auf. Seine Stimme klingt böse. «Augenblick mal, wer ist hier eigentlich krank? Meine Frau oder ich?»

Ich versuche, ganz ruhig zu bleiben. «Ihre Ehe ist gestört! Ihre Ehe weist Defizite auf. Und daraus hat sich eine Agoraphobie entwickelt.»

«Also hatte der Psychiater doch Recht, der eine Agoraphobie diagnostiziert und meiner Frau eine Beruhigungsspritze gegeben hat?»

«Das ist richtig. Ihre Gattin hatte eine Angstattacke, verbunden mit einer Panikstörung.»

Der Mann versucht sich zu rechtfertigen. «Also, was habe ich damit zu tun? Das ist doch ausschließlich ein Problem meiner Frau, oder?» Der Mann spricht mich direkt an.

«Sie sind mit ihr verheiratet. Sie beide gehören unzertrennlich zusammen. Und Ihre Frau hat das Gefühl, dass Sie zwar verheiratet sind, aber sie dennoch einen wirklichen Gesprächspartner vermisst.»

«Sie wollen mir also die Schuld in die Schuhe schieben?», fragt er leicht ironisch.

«Ich will aufzeigen, dass das Problem Ihrer Frau ein Eheproblem ist, eine Beziehungsschwierigkeit.»

«Und was erwarten Sie von mir?», fragt er ehrlich.

Ich sage: «Das wird Ihnen Ihre Gattin beantworten.»

Mirka schaut ihren Mann aus traurigen Augen an. «Manchmal glaube ich, er kann mir nicht geben, was ich brauche.»

Sie blickt in ihren Schoß. «Ich brauche viel Zärtlichkeit, seine Nähe und viele Gespräche. Und *die* vor allen Dingen!»

Der Mann nickt resigniert vor sich hin. «Gespräche, Blabla, Gespräche und nochmals viel Blabla.»

«Sehen Sie, er versteht mich nicht. Wir leben meilenweit aneinander vorbei. Wir sind meilenweit getrennt.»

Der Ehemann wird wütend. «Ich komme jeden Tag nach Hause, aber wir leben meilenweit auseinander. Jeden Abend sitzen wir im Wohnzimmer zusammen, aber meilenweit auseinander.»

Mirkas Mann hat offensichtlich eine andere Vorstellung von Nähe und Austausch.

«Ja, du bist da, aber weit weg. Ich sehe dich, aber du lebst auf einem anderen Stern. Dein Körper ist anwesend, aber mit deiner Seele bist du ausgewandert.»

Ich frage die Frau: «Was wünschen Sie sich konkret?»

«... dass er mit mir spricht und mich nicht anschweigt, wenn wir gemeinsam essen. Dass er meine Hand hält, wenn wir auf dem Sofa sitzen. Dass er mich streichelt, und nicht nur, wenn er was will. Dass er mir die Tränen trocknet, wenn ich leide. Dass er mir seine Träume erzählt, seine Gedanken mitteilt, sein Herz wenigstens ein bisschen öffnet.»

Der Mann schaut hilflos auf meine Bücherwand.

«Können Sie das nachempfinden, was Ihre Gattin sich von Ihnen wünscht?»

Mit einem Ruck dreht er sich zu ihr um. «Natürlich kann ich das nachempfinden, aber leisten kann ich das nicht. Ich kann keinen Charme verspritzen. Und streicheln? Schauen Sie meine Hände an, die sind rau wie eine Kartoffelreibe. Damit reiß ich ihr die Haut auf.»

«Und wenn Sie Ihre Hände mit Creme einreiben?», werfe ich ein. Er schüttelt skeptisch seinen Kopf.

«Ich bin kein Liebeskünstler, ich kann Heizungen montieren, aber Liebeskunst habe ich nicht gelernt.»

Ich bleibe hartnäckig. «Dann müssen Sie die Liebeskunst neu einüben, dann müssen Sie das Abc der Liebe neu buchstabieren lernen.»

Seine Frau strahlt ihn an.

«Und dann kommt meine Frau von den Panikattacken los?», fragt er skeptisch.

«Ich bin fest davon überzeugt!», sage ich und drücke das unmissverständlich deutlich aus.

«Oder sind Sie vor der Ehe kein galanter Liebhaber gewesen? Konnten Sie Ihre damalige Freundin nicht begeistern?»

Die Frau wird auf ihrem Stuhl lebendig. «Damals gab er sich Mühe, das sage ich Ihnen. Damals bewegte sich seine Zunge viel schneller. Damals hatte er auch seidenweiche Hände, glauben Sie's mir, obwohl er schon die gleiche harte Arbeit hatte wie heute.»

Dann springt sie von ihrem Stuhl auf und nimmt ihren Mann in den Arm.

Zum zweiten Gespräch bringt Herr Gabriel wieder seine Skepsis mit. Er schaut mich fragend an. «Sie meinen also, die Krankheit meiner Frau hat mit mir zu tun?»

Ich lasse ihn keinen Augenblick im Zweifel. «Ich meine das nicht nur, ich weiß es! Agoraphobie ist eine Beziehungsstörung. Ihre Gattin hat es Ihnen präzise verdeutlicht. Sie fühlt sich allein und kann allein nicht mehr das Haus verlassen. Sie hängt in der Luft. Der Boden gibt ihr keinen Halt.»

Herr Gabriel ereifert sich. «Meines Erachtens ist das eine schreckliche Einbildung. Das ist doch nicht realistisch!»

Ich greife seinen Zweifel auf. «Darin haben Sie Recht, es ist eine irreale Vorstellung. Aber sie wirkt sich bedrohlich aus. In den Augen Ihrer Gattin trägt der Boden sie nicht. Das müssen wir festhalten.»

«Aber wenn ich sie festhalte, kann sie überall mit hingehen.»

«Sie haben es auf den Punkt gebracht: Wenn Sie sie festhalten, kann sie überall *mit Ihnen* hingehen.»

Heute sitzt Frau Gabriel direkt neben ihrem Gatten. Auch während unseres Gesprächs lässt sie ihn nicht los. Ihr geht es gut, wenn sie Tuchfühlung hat. Sie ist frei von Panikgefühlen, wenn sie einen menschlichen Halt verspürt.

Er schüttelt seinen Kopf. «Meinem Chef kann ich dieses Drama nicht klarmachen. Er braucht mich.»

Mirka Gabriel zerrt am Arm ihres Mannes. «Aber ich brauch dich auch! Ich bin ohne dich verloren.» Sie wendet sich mir zu. «Und jetzt ist es amtlich. Unser Sohn hat tatsächlich die Einberufung bekommen. Beide Kinder verlassen das Haus. Ich bin mutterseelenallein. Damit werde ich nicht fertig.»

Der Mann wehrt ab. «Viele andere Menschen haben Ähnliches erlebt. Sie sind auch nicht verrückt geworden.»

Sie streichelt beruhigend seine Hand. «Vielleicht hast du Recht, aber ich bin nicht die anderen. Mit der panischen Angst werde ich nicht fertig.»

«Wenn Ihre Gattin Gott und Ihnen rückhaltlos vertraut, wird sie diese ernst zu nehmende Phobie überwinden, das ist meine feste Überzeugung.»

«Und warum hilft unser Glaube nicht? Warum hilft *ihr* unser Glaube nicht?»

«Ihre Glaubensüberzeugungen kann ich nicht testen. Das will ich auch nicht! Allerdings spüre ich, dass Ihre Gattin unbeschreibliche Verlassenheitsängste und Verlustängste entwickelt hat. Und es ist ihr unmöglich, diese panischen Ängste im Glauben und mit Gebeten klein zu halten.»

Frau Gabriel fühlt sich verstanden und nickt mir energisch zu. «Das ist mein Seelenzustand! Ich klammere mich an Gott, aber die Ängste kriechen unwiderruflich aus allen Winkeln. Sie zerquetschen mich.»

Den Mann quälen offensichtlich andere Probleme. «Du willst also, dass ich meinen Job aufgebe?», fragt er sehr direkt.

«Ich würde mich riesig freuen, wenn du nur einige Minuten zur Arbeit bräuchtest und abends pünktlich zu Hause wärst. Mir fällt die Decke auf den Kopf, du spürst das doch!»

Ihr Mann braucht eine lange Zeit, ehe er antwortet. In ihm rumort es. «Gut», sagt er, «ich verspreche dir, morgen gehe ich zum Chef. Ich will schauen, was zu machen ist. Vielleicht gibt es ja eine Möglichkeit im Innendienst.»

Seine Gattin ist eine temperamentvolle Frau. Wie elektrisiert fährt es in sie. Sie springt auf und küsst den Kopf ihres Gatten von allen Seiten ab.

Herr Gabriel versucht mit beiden Händen, seine Haare wieder gerade zu legen und Hemd und Pullover zurechtzurücken. Er bleibt eine Zeitlang sprachlos. Dann wendet er sich mir zu. «Können Sie das verstehen? Jahrelang war ich abgeschoben, drittes Rad am Wagen, Zahlmeister der Familie. Ich war froh, außer Haus zu sein. Draußen habe ich mir meine Bestätigung geholt. Und jetzt soll alles anders sein?»

Mirka Gabriel presst sich fest an ihn. «Ich habe dich jahrelang vermisst. Meine beiden Kinder waren mir ein willkommener Ersatz. Aber nur ein Ersatz, weil du unterwegs warst. Ich habe einen Geliebten geheiratet und wollte einen Geliebten. Und was habe ich bekommen? Einen Monteur, der bis spät abends unterwegs ist. Anderen Menschen verhilft er zur Wärme, und mich lässt er frieren.» Mit beiden Armen umfasst sie ihren Gatten.

Ich schaue auf die Uhr und verlasse meinen Stuhl.

«Meines Erachtens ist Ihnen beiden klar geworden, wie Sie die Panikstörungen überwinden können, oder?»

Der Mann hilft seiner Frau lächelnd in den Mantel und hakt sie fest unter. Dann schaut er mich an: «Das sollen Sie wissen: Noch vor einer Stunde hätte ich zweifelnd meinen Kopf geschüttelt.»

Beide kommen noch sieben Mal zum Gespräch. Dann ist die Frau wieder in der Lage,
allein einkaufen zu gehen,
allein den Hof zu verlassen und
allein den großen Platz in der Stadt zu überqueren.

Der Mann ist vom Außendienst in den Innendienst gewechselt.

Der Sohn ist nach Norddeutschland zur Luftwaffe eingezogen worden.

Die Tochter wohnt etwa zehn Kilometer weiter und sieht die Eltern nur noch alle paar Wochen.

Herr Gabriel hat die größten Probleme, seinen Lebensstil völlig umzustellen. Aus dem harten Arbeiter soll ein Mann werden,

- der jeden Abend sehnlichst erwartet wird;
- der lernt, gemeinsam mit seiner Frau ausgiebig das Abendessen zu genießen;
- der lernt, nicht nur mit ein paar Worthülsen den Arbeitstag zu beschreiben;
- der lernt, gemeinsam mit der Partnerin durch die Geschäftsstraßen zu bummeln und Schaufenster zu bestaunen;
- der lernt, im Kirchenchor der Gemeinde zu singen und wieder ein zärtlicher Liebhaber zu werden.

Auch die Frau lernt,

- unabhängiger ihr Leben zu meistern;

- weitere Kontakte mit Freundinnen, Freunden und Bekannten zu pflegen;
- auch einzelne Abende mit anderen Menschen zu teilen;
- nicht aus lauter innerem Zwang den Kontakt mit Tochter, Schwiegersohn und Enkelkind zu intensivieren.

Ende des Jahres, in der dunkelsten Jahreszeit, tritt noch einmal ein Rückfall ein. Eine Panikstörung treibt Mirka Gabriel ins Haus zurück. Dem Mann wird das Nähebedürfnis seiner Frau zu viel. Er ist – ohne Absprache mit ihr – zu Freunden gegangen und hat alle Ängste bei ihr wieder aufleben lassen.

Trotzdem ist das Ehepaar glücklich, es ist bei einem einzelnen Rückfall geblieben.

Was will uns das Gespräch verdeutlichen?

Frau Mirka Gabriel litt unter einer speziellen Angststörung, die in Fachkreisen als «Agoraphobie» bekannt ist.

Mit Agoraphobie wird die Angst vor oder das Vermeiden von Plätzen oder Situationen bezeichnet, in denen eine Flucht schwer möglich oder peinlich ist.

Häufig ist die Agoraphobie mit einer «Panikattacke» verbunden. Die Panikattacke beinhaltet, dass in einem begrenzten Zeitraum eine starke Besorgnis, Angstgefühle und Schrecken auftauchen können. Sie ist mit einem Gefühl drohenden Unheils verbunden. Während dieser Attacke treten in der Regel Symptome auf wie Kurzatmigkeit, Herzrasen, Brustschmerzen, Erstickungsgefühle und Atemnot. Nicht selten besteht die Angst, «verrückt zu werden».

Eine Ursache für Agoraphobie mit Panikstörung ist die Angst, verlassen zu werden. Frau Gabriel ist dafür ein typisches Beispiel.

Die Angst, dass der Sohn zum Bund gehen wird, die Tochter heiratet und das Haus verlässt, wecken in der Frau panische Ängste. Der Mann ist introvertiert, kontaktschwach und wenig austauschbedürftig. Die sensible und von Haus aus ängstliche Frau steigert sich systematisch in das Krankheitsbild hinein. Und so kommt es zu den beschriebenen Anfällen. Die Heilung dieser Störung ist in erster Linie die Heilung einer gestörten Ehebeziehung.

4. Der Pharisäer

Am Tag nach Ostern läutet es morgens in der Praxis, und vier Personen erscheinen unangemeldet im Türrahmen; eine Frau und drei Männer. Zwei jüngere haben einen älteren fest untergefasst, der offensichtlich nicht allein gehen kann. Die ältere Frau tritt zuerst ein.

Sie entschuldigt sich höflich, dass sie zu viert ohne Anmeldung gekommen sind, um an Ort und Stelle zu prüfen, ob eine Therapie für ihren Gatten möglich ist.

Ich unterbreche eine Sitzung und begrüße die vier im Wartezimmer. Sie haben Mäntel und Jacken abgelegt, und der ältere Mann, der von zwei kräftigen Gestalten unter den Armen gehalten wird, meldet sich zu Wort.

«Um es kurz zu machen», sagt er, «ich bin in der Firma zusammengebrochen, meine Beine gehorchten nicht mehr meinen Impulsen. Ich war beim Neurologen in der Behandlung, der alle Nervenbahnen untersucht hat, und der hat mich zu einem Psychologen geschickt. Als Christ – ich sage das ganz offen – stehe ich Psychologen und Psychotherapeuten sehr skeptisch gegenüber. Aber ich habe gehört, Sie sind Christ, und darum bin ich hier, um mit Ihnen Termine abzumachen.»

Er schaut mich von oben bis unten an. Auch seine Frau und die stabilen Begleiter sind offensichtlich gespannt, was ich sagen werde.

«Hat der Neurologe Ihnen denn gesagt, warum Sie zu einem Psychologen gehen sollen?»

Der Mann, ein kleiner, etwas untersetzter Herr, antwortet sofort. «Nein, er hat mir keine Begründung gegeben. Aber er hat gesagt, ein neurologischer Befund läge nicht vor, die Reaktionen der Nervenbahnen seien intakt. Er könne mir nicht weiterhelfen. Können Sie das verstehen, mir kommt das alles spanisch vor!»

«Doch, das kann ich verstehen», sage ich ihm, «aber eine plausible Antwort kann ich Ihnen im Augenblick auch nicht geben.»

Er schaut seine Frau fragend an. «Und was soll ich tun?»

«Ich mache Ihnen einen Vorschlag: Heute habe ich keinen Termin mehr frei, aber morgen nach dem Mittagessen setzen wir uns zusammen und klären in Ruhe ab, was bei Ihnen gespielt wird. Ist das eine Hilfe?»

Der Herr wendet sich an die männlichen Begleiter. «Könnt ihr morgen nach dem Mittagessen? – Das sind meine Söhne», sagt er mir zugewandt.

Beide Söhne schauen sich an und nicken.

«Dann halten wir morgen den Termin um 13.30 Uhr fest. Wir haben dann eine ganze Stunde Zeit und können in Ruhe alles durchsprechen.»

Ich erhebe mich, weil ich einen Ratsuchenden nicht länger im Beratungszimmer warten lassen will.

«Gott sei Dank!», sagt der Vater der beiden Söhne und Ehemann der Frau.

Er sagt es mehr vor sich hin, aber auch so laut, dass alle Anwesenden mithören können.

«Bitte, haben Sie Verständnis dafür, dass ich mich sofort von Ihnen verabschiede. In der Praxis wartet ein Ratsuchender auf mich.»

Ich gebe allen vier Personen schnell die Hand und verschwinde durch die Tür.

Einen Tag später wird Herr Müller wieder von seinen beiden Söhnen gebracht. Sie haben ihn untergefasst und schleppen ihn in die Praxis. Im Wartezimmer wollen sie sich aufhalten und anschließend den Vater wieder mit nach Hause nehmen.

Die Beine hängen nicht völlig gelähmt am Körper. Mal stützt er sich mit dem einen, dann mit dem andern Bein auf.

«Ich möchte, dass Sie zunächst mit mir beten», beginnt Herr Müller das Gespräch. Ich sitze ihm gegenüber.

«Glauben Sie mir, ich bin so durcheinander, dass Sie mir helfen müssen, im Kopf und im Herzen wieder Klarheit zu bekommen. Seit ein paar Tagen bin ich vom Leben und von Gott so durchgeschüttelt worden, dass ich nicht mehr aus noch ein weiß.»

Herr Müller hat seine Brille abgenommen, und seine Augen werden feucht.

Ich akzeptiere seine Bitte, und wir beten: «Treuer Herr und Gott! Wir sitzen zusammen und sind gemeinsam ratlos. Wir brauchen deinen Beistand und deine Antwort. Du hast uns eine Zusage gegeben, auf die wir uns verlassen: ‹Wo zwei oder drei in deinem Namen versammelt sind, da bist du mitten unter ihnen.›»

«Das ist ein guter Anfang», sagt Herr Müller und setzt sich seine Brille wieder auf, «denn was ich bei Ihnen soll, ist mir völlig schleierhaft. Meine Nerven haben mir einen Streich gespielt, das steht außer Frage. Aber der Fachmann, der für solche Dinge zuständig ist, sagt, dass er mir nicht helfen kann.»

Ich komme ihm entgegen. «Augenblicklich bin ich so verwundert wie Sie. Aber schauen wir uns doch alles der Reihe nach an. Was ist denn vor ein paar Tagen geschehen?»

Herr Müller richtet sich im Sessel auf und versucht, den genauen Hergang zu rekonstruieren.

«Seit Jahren bin ich als Diplom-Ingenieur bei den Stadtwerken beschäftigt. Fachreferat: Elektrizität. Weil meine Zuverlässigkeit und Pingeligkeit – ich gebe es zu – sehr geschätzt wurde und wird, trage ich die Hauptverantwortung für diesen Bereich. Und ich lege Wert darauf, dass ich eine fehlerfreie Arbeit liefere. Ich hasse jede Art von Schlamperei.»

Er macht mit den Händen und mit der Stimme einen Einschnitt.

«Und dann ist eine große Schweinerei passiert. Sie haben es sicher in der Zeitung gelesen, und viele haben es am eigenen Leibe gespürt. In einem besonderen Stadtteil fiel die Elektrizität aus, und zwar etliche Stunden. Große Schäden sind in der Wirtschaft und in der Industrie entstanden. Es gab Klagen gegen die Stadt ... und dann die bodenlose Gemeinheit, *mir* die Schuld in die Schuhe zu schieben.»

Seine Stimme ist schrill geworden.

Die Empörung steht ihm ins Gesicht geschrieben.

Er fühlt sich offensichtlich gekränkt und missachtet.

«Ich spüre, das hat Sie tief verletzt.»

Seine Stimme bekommt wieder einen bedrohlichen Klang. «Verletzt ist gar kein Ausdruck! Ich bin bis ins Mark verbittert. Als der Generaldirektor mich zu sich bestellte und mir die Verantwortung für den Unglücksfall anlastete, bin ich fast ohnmächtig geworden. Mir schwand das Bewusstsein, ich musste mich am Tisch festhalten und mich setzen.»

Er macht eine Pause und holt tief Luft.

«Ich trage für den Bereich Elektrizität die Verantwortung, richtig, aber niemand kann mir einen Fehler nachweisen!»

Herr Müller schwitzt.

«Das kränkt mein christliches Gewissen. Ich weiß, dass ich übergenau bin, aber eine solche Verantwortungslosigkeit lasse ich mir nicht unterstellen. Das geht einfach zu weit. Das geht über jedes Normalmaß hinaus. Das hat mir den Boden unter den Füßen weggezogen.»

«Das scheint ja buchstäblich geschehen zu sein!», ergänze ich.

«Das trifft es genau», sagt er, «und als ich am anderen Morgen zum Dienst fuhr und meinen Wagen – wie immer – auf dem Parkplatz der Stadtwerke-Verwaltung parken wollte, öffnete ich die Autotür, wollte aussteigen und fiel auf das Pflaster. Meine Beine versagten mir den Dienst.»

«Sie konnten aus eigener Kraft nicht aufstehen?»

«Der Bewacher des Parkplatzes muss es beobachtet haben. Er sah mich da liegen und hat sofort einen Krankenwagen bestellt, ohne sich mit mir verständigt zu haben.»

«Und?»

«Der Krankenwagen war in ein paar Minuten da, und ich fand mich in der Klinik wieder.»

«Heißt das, dass Sie zwischendurch ohne Bewusstsein waren?»

Herr Müller schüttelt den Kopf. «Meines Wissens nicht, ich glaube, ich war die ganze Zeit bei Bewusstsein, aber die Beine gehorchten mir nicht. Außerdem war ich höchst erregt, wollte unbedingt noch einmal mit dem Chef sprechen und meine Unschuld beteuern. So etwas kann ich den Stadtwerken nicht durchgehen lassen.»

Ich frage: «Und wie ist die Stadt aus dem Dilemma herausgekommen?»

Er lächelt zum ersten Mal. «Nach dem Essen in der Klinik kam der Generaldirektor. Er brauchte unbedingt meine Hilfe, weil einiges in der Schaltzentrale schieflief. Keiner meiner Mitarbeiter traute sich, entscheidende Handgriffe zu verantworten. – Schließlich verhandelte der Generaldirektor mit dem Professor in der Klinik, und sie brachten mich auf einer Trage in die Schaltstelle des Werkes. Die aufgetretenen Unklarheiten waren in ein paar Minuten erledigt. Und als ich am Ausgang des Werkes den Stellvertreter des Chefs erkannte, bat ich ihn an meine Bahre. Mir zitterten die Hände, und ich spürte, dass mein Herz wie wild schlug. Aber ich wollte die böse Unterstellung, für den schrecklichen Unfall in erster Linie hauptverantwortlich zu sein, nicht stehen lassen.»

Er räuspert sich und wischt sich den Schweiß von der Stirn. «Die Träger setzen also die Bahre ab, auf der ich liege, und der Stellvertreter des Chefs kommt auf mich zu, gibt mir die Hand und fragt, wie es mir geht. Ich will ihm nichts vormachen, darum sage ich zu ihm: ‹Mir geht es sehr schlecht, aber vor allem darum, weil mich der Generaldirektor für schuldig erklärt, und ich weise eine direkte Schuld zurück. Mir ist kein Fehler nachzuweisen!›»

«Was hat der Betreffende dazu gesagt?», frage ich Herrn Müller.

«Er hat sich nur alles angehört, hat verständnisvoll genickt und hat sich von mir verabschiedet.»

«Wie wirkt das auf Sie?»

«Ich bin enttäuscht. Nach wie vor muss ich annehmen, dass ich als der Hauptschuldige gelte. – Ja, und dann hat man mich in die Klinik zurückgebracht.»

«Und Sie konnten in der Zwischenzeit nicht gehen?», frage ich.

«Am ersten Tag nicht. Zwei Ärzte haben mich untersucht und mir abends eine Beruhigungsspritze gegeben. Ich habe die Nacht gut geschlafen und konnte am andern Tag aus eigener Kraft zur Toilette gehen. Zwischendurch musste ich mich festhalten, weil beide Beine mir keinen festen Halt gaben.»

Herr Müller holt hörbar einige Male tief Luft.

Über ihm liegt eine unerklärliche Spannung.

«Ich sollte einige Tage zur weiteren Beobachtung in der Klinik bleiben. Aber das wollte ich nicht. Am andern Morgen konnte ich wieder gehen, die Beine gehorchten meinen inneren Befehlen, und ich verließ auf eigene Verantwortung das Krankenhaus.»

«Die Klinik hat Sie sicher gewarnt», sage ich zu ihm.

«Das stimmt, aber ich habe meinen oberbergischen Dickschädel durchgesetzt und bin im Vertrauen auf Gottes gute Führung gegangen.»

«Aber dann muss es doch einen neuen Rückfall gegeben haben, oder?»

«Nachdem meine Familie mich ausgeschimpft hat, bin ich am andern Morgen wieder zum Dienst gefahren, allein. Wieder auf den alten Parkplatz. Wieder will ich aussteigen, und wieder breche ich auf dem Asphalt zusammen, nachdem ich das Auto verlassen habe.»

«Und wieder in Verbindung mit Ihrem Arbeitsplatz!», gebe ich zu bedenken.

Herr Müller zieht die Stirn kraus. «Da sagen Sie was! Das geht mir erst jetzt auf.»

«Mit welchem Gefühl sind Sie an dem Morgen zur Arbeit gefahren?»

Herr Müller sagt: «Gute Frage. Je näher ich der Firma kam, desto wütender und vorwurfsvoller wurde ich. Als Christ schäme ich mich, solche Gedanken zuzulassen und auch noch zu fördern. Jahrzehnte bin ich Tag für Tag zufrieden hingefahren und bin im Allgemeinen zufrieden wieder nach Hause gefahren. Aber der Vorwurf, schuld an diesem Unglück zu sein, das hat mein Ehrgefühl zutiefst verletzt.»

Er macht eine kleine Pause, denkt angestrengt nach und fragt dann unvermittelt: «Oder halten Sie mich für einen Spinner, für einen Simulanten, der die Lähmungen vortäuscht?»

«Nein», sage ich entschieden, «das glaube ich nicht. Dafür sind Sie zu korrekt und gewissenhaft. Sie sind eher pingelig, wie Sie selbst von sich sagen.»

«Aber der Psychiater muss mich doch für einen eingebildeten Kranken gehalten haben, wenn er einen neurologischen Befund für ausgeschlossen hält. Oder was sagen Sie dazu?»

Ich versuche ihm eine vorsichtige erste Diagnose zu geben. «Es gibt in der Tat Koordinations- oder Gleichgewichtsstörungen, Lähmungen oder bestimmte Muskelschwächen, die neurologische oder medizinische Krankheitsfaktoren ausschließen. Dann bleiben nur bestimmte psychische Faktoren, und die schauen wir uns genauer an. – Für heute sollten wir das Gespräch beenden und es in einigen Tagen fortsetzen, wenn Sie einverstanden sind. Vorerst sind Sie krankgeschrieben, und Sie brauchen dringend diese Auszeit. – Übermorgen um die gleiche Zeit, wenn Ihnen der Termin genehm ist.»

Herr Müller nickt. «Ich bin wirklich gespannt, was das alles zu bedeuten hat! Außerdem bin ich dankbar, dass ich meine Probleme mal so ausführlich besprechen konnte. Bei Ihnen fühle ich mich ernst genommen!»

Ostentativ erhebe ich mich und öffne die Tür zum Wartezimmer. Herr Müller bleibt sitzen und wartet, bis er abgeholt wird.

Im Wartezimmer sitzen seine beiden Söhne und lesen schweigend im «Spiegel».

Lächelnd und leicht verlegen schieben sie die Zeitschriften wieder auf den Tisch. Sie haben den Eindruck, sie müssten sich entschuldigen. «Zu Hause sind solche Blätter absolut tabu. Da gibt es auch kein Fernsehen. Sie müssen wissen, unser Vater hält solche Sachen für verführerisch, um nicht zu sagen für teuflisch.»

Der andere Sohn ergänzt: «... und in erster Linie für ungeistlich. Er verzichtet asketisch auf alles Weltliche.»

«Warum erzählen die mir das?», denke ich einen Augenblick und halte die Tür zum Arbeitszimmer noch geschlossen.

«Bis zum Abitur sind wir sehr streng von allen Medien abgeschottet worden, die christliche Werte in Frage stellen könnten.»

Beide senken ihre Stimme noch mehr.

«Das hat natürlich manchen Ärger mit Vater gegeben, der bis zum Zerbruch konsequent blieb.»

«Hat es denn einen Zerbruch zwischen Ihnen gegeben?»

Wie aus einem Munde sagen beide: «Nein!»

Und einer fährt fort: «Wir haben uns dem Vater rückhaltlos gebeugt, obwohl wir beide innerlich rebelliert haben. Teilweise bis heute. Oder?»

«Ja, ich sehe es auch so», ergänzt der andere.

«Und jetzt hat es ihn selbst mal erwischt. In den ganzen Jahren kenne ich kein Ereignis, das ihn so mitgenommen hat. Ich bin wirklich gespannt, wie er damit fertig wird.»

Die beiden haben ihre Mäntel wieder angezogen und sind bereit, den Vater aus dem Arbeitszimmer abzuholen.

Ich bedanke mich bei den Söhnen für das kluge und informative Gespräch.

Herr Müller erscheint zwei Tage später wieder mit einem Sohn und der Ehefrau. Der andere Sohn ist beruflich verhindert. Bei beiden stützt er sich auf. Die Beine machen nicht mit.

Ehefrau und Sohn bleiben im Wartezimmer, und Herr Müller sitzt wieder mit ernstem Gesicht vor mir.

«Was möchten Sie heute ansprechen?», frage ich.

Ich spüre, er ist innerlich gerüstet und legt los. «Meine Hauptfrage lautet: Wie ist es möglich, dass mein Nervensystem in den Beinen funktionieren soll, und ich kann trotzdem nicht gehen?»

Auf die Frage habe ich gewartet.

«In der Tat, solche Zusammenhänge gibt es. Jemand kann gehen, jemand kann seine Beine benutzen, aber vielleicht will er nicht. Vielleicht lehnt er sich gegen irgendetwas auf. Er torpediert gewissermaßen seine eigenen Entschlüsse. Und diese inneren Wünsche oder Rachegefühle sind so mächtig, dass das Nervensystem kapituliert.»

«Wo soll das bei mir der Fall sein? Solche inneren Widersprüche kann ich mir in meinem Leben nicht vorstellen. Außerdem bin ich ein Gerechtigkeitsfanatiker, jedenfalls sagt man mir das nach.»

«Sie sind ein Gerechtigkeitsfanatiker, und was heißt das für Sie?»

«Oh, das ist ein unangenehmes Thema! In der Familie, in der Gemeinde und auf der Arbeitsstelle bin ich dafür bekannt, dass ich ein Erbsenzähler bin.»

«Sie können das selbst von sich sagen?»

«Nein, ich sage das nicht von mir, das sagen viele andere, sogar alle in meiner Familie.»

«Und, wie empfinden Sie das?»

«Ja, ich kann um einige Pfennige einen Aufstand machen. Als Christ bin ich in jeder Beziehung übergewissenhaft. Mit dieser Seite in mir mache ich mich überall unbeliebt, auch in meiner Familie. Manchmal habe ich das Gefühl, sie hassen mich!»

Er schlägt die Hände vors Gesicht.

Tränen schießen in seine Augen.

Ich frage ihn: «Sind diese Wesenszüge Ihnen unangenehm?»

Sehr bestimmt sagt er dazu: «Ich kann nicht anders. Manchmal glaube ich, ich will auch nicht anders. In der Firma bin ich bei den meisten unbeliebt. Sie lassen mich links liegen. Auch in der Gemeinde gehen mir einige Christen aus dem Wege. Einige halten mich für einen Fanatiker und für einen Pharisäer.»

Ich hake nach: «Sind Sie es?»

«Ja, manchmal glaube ich es selbst. Denn meine eigenen Söhne und mein Frau machen mir Vorwürfe, dass ich mich ständig über Schweinereien aufrege, die in dieser Welt gang und gäbe sind.»

Ich konzentriere mich noch einmal ganz bewusst auf seine Hauptfrage.

«In Ihrem Verantwortungsbereich ist also das Unglück geschehen, und in dem Zusammenhang reagieren Sie mit situativen Lähmungen, so ist es doch?»

«Das Unglück ist zwar in meinem Verantwortungsbereich geschehen, aber am Zustandekommen bin ich unschuldig. Mir kann niemand eine Schuld nachweisen. Und darauf lege ich Wert!»

Mir erscheint Herr Müller stolz und rechthaberisch, und das spreche ich an.

«Mir scheint, Sie legen großen Wert darauf, unschuldig zu sein. Was drücken Sie damit aus?»

«Wenn Sie auch Christ sind, wundert es mich, dass Sie so fragen. Die Zehn Gebote sind Gottes eherne Gesetze. Wir werden aufgefordert und verpflichtet, sie zu halten. Das ist doch so, oder?»

«Glauben Sie, dass Sie alle Gebote erfüllen können?»

Er nickt wie selbstverständlich. «Wenn es nicht möglich wäre, würde Gott sie den Menschen nicht zumuten.»

Ich verblüffe ihn offensichtlich mit der Feststellung: «Für mich steht fest, ich kann sie nicht halten. Schon gegen das erste Gebot werde ich immer wieder schuldig.»

Herr Müller legt die Stirn in Falten. «Wenn ich nicht alles dransetze, die Gebote zu halten, lebe ich verlogen und ohne sittlichen Ernst.»

Ich bringe das Gespräch wieder auf das Unglück und die Reaktion der Vorgesetzten. «Wenn ich Sie richtig verstanden habe, macht die Unternehmensleitung Sie für das Unglück verantwortlich.»

Den Ratsuchenden erfasst wieder eine große Erregung. «Das ist mein Entsetzen. Dieser Vorwurf trifft mich zutiefst. Das kann ich nicht stehen lassen. Das lasse ich denen nicht durchgehen!»

«Mir fällt sprachlich wieder etwas auf. Schon vorgestern

benutzten Sie die Formulierungen ‹das kann ich *nicht stehen lassen*›, ‹das lasse ich der Leitung *nicht durchgehen*›, ‹das zieht mir den Boden *unter den Füßen weg*›. Da rütteln Personen an Ihrem unverrückbaren Standpunkt. Ist das möglich?»

«Ich kann nur zur Verantwortung gezogen werden für Dinge, die ich persönlich versaut habe und die mir persönlich angelastet werden können. Aber man will mir als Leiter dieser großen Abteilung ein Versagen in die Schuhe schieben. Da wehrt sich mein Gewissen, da wehrt sich mein Gerechtigkeitsgefühl. Das ist schlicht unmenschlich und ungeistlich.»

Herrn Müller stehen wieder die Tränen in den Augen.

«Mir leuchtet es ein, dass Sie im tiefsten Herzen empört sind über das Unrecht, das Ihnen angelastet wird. Sie lassen diesen Irrtum *nicht durchgehen*. Sie demonstrieren der Unternehmensleitung, dass Sie unter diesen Umständen buchstäblich nicht gewillt sind, den *Weg mit ihnen zu gehen*. Sie fühlen sich *gelähmt* und zu Unrecht angeklagt. So stellt sich mir alles dar.»

«Wollen Sie *auch* sagen, dass ich ein Pharisäer bin?»

Er schaut mich aus großen, verweinten Augen an.

«Wer hat Sie als Pharisäer bezeichnet?»

Es bricht aus ihm heraus: «Meine Frau, meine Söhne, Leute in der Gemeinde und nicht zuletzt zwei Vorgesetzte in der Firma.»

«Und wie kommen die Genannten Ihrer Meinung nach darauf?»

«Sie klagen mich an, dass ich mich immer aus der Affäre ziehe, dass ich immer andere für schuldig erkläre, dass ich Fehler, die ich mit verursacht habe, nicht eingestehen will, dass ich überall eine weiße Weste vorzeigen möchte.»

«Und wenn Sie diese Vorwürfe vor dem lebendigen Gott ausbreiten, zu welchem Ergebnis kommen Sie dann?»

Seine Augen tränen, und seine Stimme klingt gebrochen. «Bisher habe ich es nicht eingesehen. Mein Gerechtigkeitsgefühl hat mir bis heute nur Feinde eingebracht. Meine Söhne schweigen, sie respektieren mich, aber lieben tun sie mich nicht. Meine Frau hat bei mir ausgehalten. Sie hat mir einige Mal liebevoll widersprochen. Sie ist aus Gehorsam den unteren Weg gegangen. Aber meinen Standpunkt hat sie nicht bejaht. Ob sie mich wirklich liebt? In der Gemeinde habe ich Schwestern und Brüder, aber keine Freunde. Ich habe überhaupt keine Freunde!»

Herr Müller kann kaum noch sprechen.

«Ich bin, verflucht noch mal, ich bin todeinsam! Gute Bekannte haben sich unauffällig und mit billigen Entschuldigungen zurückgezogen. Es ist unglaublich: Heute kann ich sie verstehen!»

Er schluchzt laut hörbar. «Vielleicht musste ja alles so kommen!»

Aus dem Sessel ertönt mehr ein Stöhnen als ein Sprechen.

«So kann es *nicht weitergehen* ... Ja, es stimmt, ich kann auch nicht gehen. Aber es muss doch *irgendwie weitergehen*!»

«Das wird es auch. Sie haben es in der Hand, Ihre Blockaden abzubauen.»

Herr Müller richtet sich im Stuhl auf. «Und was glauben Sie, was ich tun soll?»

Ich schaue Herrn Müller zuversichtlich an. «Meines Erachtens wissen Sie das selbst. Einsicht ist der erste Schritt zur Veränderung.»

Lange birgt er sein Gesicht in den Händen. Zwischendurch wischt er mit einem Tuch seine Tränen ab.

Dann fasst er sich ein Herz.

«Rufen Sie bitte meine Frau und meinen ältesten Sohn herein. Ich habe ihnen was zu sagen!»

Ich komme ins Wartezimmer. Mutter und Sohn sind in ein Gespräch vertieft.

«Für heute ist die Beratung abgeschlossen. Sie können Ihren Gatten abholen», sage ich zur Frau.

In die Beratungspraxis hole ich noch zwei Stühle und bitte die beiden, neben Mann und Vater Platz zu nehmen.

Herr Müller hat verweinte Augen und schaut die beiden an.

Es arbeitet in ihm.

«Es fällt mir unendlich schwer – ihr kennt mich ja –, meinen Pharisäismus als Sünde zu bekennen. Langsam begreife ich, dass es wohl so etwas ist. Wenn eine Briefmarke schief aufgeklebt war, habe ich geschimpft. Kein normaler Mensch konnte in meinen Augen bestehen. Überall fand ich Fehler und Vergehen. In meiner Korrektheit war ich ein Tyrann. Ein Wunder, dass ihr's bei mir ausgehalten habt. Ich war immer der Reine und Unschuldige ... In einer Bibelstunde hat unser Pastor mal gesagt – ihr wart Gott sei Dank nicht dabei: ‹Die Welt braucht Jesus. Nur Bruder Müller nicht!› Versteckt haben einige gegrinst. Ich konnte dem Pastor nicht vergeben. Heute weiß ich, er hat Recht gehabt.»

Frau Müller hat nasse Augen bekommen und drückt sich zärtlich an ihren Gatten.

Der Sohn schaut seinen Vater mit ungläubigen Blicken an.

«Erst das Unglück, das unsere Stadt getroffen hat, hat mir jetzt die Augen geöffnet. Ja, ich hatte mir innerlich verboten, in die Firma zu gehen, wenn auch nur *einer* aufrechterhält, dass ich für das Unglück mitverantwortlich bin. Was ist geschehen? Prompt bin ich auf dem Parkplatz der Firma zusammengebrochen. Ich glaube, Gott will mir zeigen, dass es so nicht weitergeht.»

Die Frau ist so ergriffen, dass sie ihren Mann in den Arm nimmt und abküsst.

Der Sohn dreht sich auf dem Stuhl um und schluchzt in sich hinein.

Ich stehe auf und öffne einen Augenblick das Fenster.

«Vergebt mir! Vergebt einem alten Pharisäer!»

Seine Worte werden von Tränen erstickt.

Aus der Frau kommt ein herzliches Ja.

Auch der älteste Sohn drückt seinem Vater die Hand. Er kann nicht sprechen.

Dann geben sich Mutter und Sohn ein Zeichen und haken den Vater rechts und links unter.

Der Vater zerdrückt eine Träne auf der Wange und meint leicht scherzhaft: «Es geht schon viel besser», und zeigt auf beide Beine.

Einen Tag später bringen beide Söhne den Vater zur Firma. Auf dem Parkplatz bleiben sie im Auto sitzen, und der Vater steigt problemlos aus dem Wagen, verabschiedet sich von seinen erwachsenen Söhnen, überquert ohne Schwierigkeiten den ausgedehnten Platz, grüßt noch einmal vor der Drehtür und verschwindet im Innern.

5. Vergeben und Vergessen

Das Tausendjährige Reich hat tiefe Spuren hinterlassen.

Ich war 6 Jahre alt, und der braune Diktator kam an die Macht.

Ich war 15 Jahre alt und wurde als Luftwaffenhelfer eingezogen.

Ich war 16 Jahre alt und musste als Helfer in der Flugabwehr Flugzeuge abschießen.

Ich war 17 Jahre alt und kam in amerikanische Kriegsgefangenschaft nach Cherbourg in Nordfrankreich.

Mitglieder des YMCA, des CVJM, des internationalen Vereins christlicher junger Männer, verteilten Bibeln an uns, hielten Vorträge und Andachten und lebten das Motto dieser größten Jugendorganisation der Welt: «Menschen zu Jesus führen».

Ich kam hinter Stacheldraht zum Glauben.

Ich erlebte dort zum ersten Mal bewusst ein wirkliches Wunder Gottes.

Mit 123 Pfund Körpergewicht kam ich in die Gefangenschaft, und mit 123 Pfund habe ich das Camp in Nordfrankreich wieder verlassen.

Viele rannten vor Hunger in den elektrischen Stacheldraht und starben.

Ein kleines Häufchen von lebendigen Christen bekam die gleiche Verpflegung, und sie überlebten nicht nur. Nein, sie hielten ihr Gewicht.

Wie immer jemand es auch erklären will, für mich bleibt es ein Wunder Gottes.

Jeden Tag haben wir gesungen:

«Er macht schöne rote Wangen oft bei geringem Mahl, und die da sind gefangen, die führt er aus der Qual.»

Wir haben es gesungen und geglaubt, wir haben es gebetet und erlebt, Gott ist kein Phantasieprodukt für Hungrige und Durstige, für Einsame und Notleidende, sondern er ist der Lebendige, der sich offenbart, wenn wir ihm rückhaltlos vertrauen.

Ich habe es erlebt.

Ich möchte es nicht vergessen.

Ich habe es erfahren.

Ich habe geschworen, es weiterzusagen.

Den Schwur aus der Kriegsgefangenschaft habe ich wahr gemacht. Ich bin CVJM-Sekretär geworden.

Zuerst in Remscheid, später in Hamburg.

In den sechziger Jahren war ich Generalsekretär des CVJM in Hamburg.

Gut dreißig Jahre alt, steckte mir der unselige Zweite Weltkrieg noch in allen Gliedern. Ich war immer noch empört über Hitlers Holocaust, der Millionen Juden das Leben gekostet hat.

Wie kann man Millionen Frauen und Männer, Alte und Kinder ausrotten wie Ungeziefer?

Wie kann man sie vergasen, wie man Schädlinge in Höhlen und Gängen heimlich und heimtückisch umbringt?

Wir sind die neue Generation.

Wir sind die Deutschen von morgen.

Wir müssen auch geradestehen für das Unrecht unserer Mütter und Väter.

Wir können uns nicht herausreden.

Unsere ehemaligen Feinde rechts und links von Deutschland schauen auf uns.

Sie erwarten Antworten.

Sie erwarten Stellungnahmen.
Sie erwarten Zeichen der Versöhnung.

Ich war 12 Jahre alt, als Hitler Polen überfiel, und überzeugt, der Führer mache das Richtige.

Ich war 15 Jahre alt, als Hitler mich als Luftwaffenhelfer einzog, und überzeugt, das Vaterland müsse bis zum letzten Blutstropfen verteidigt werden.

Heute schäme ich mich, wie er mich und viele in meinem Alter eingewickelt und überzeugt hat:

- Wir sind ein Volk ohne Raum.
- Wir dürfen uns vom internationalen Judentum nicht über den Tisch ziehen lassen.
- Die Juden sind ein Volk, das den Messias ans Messer geliefert hat.
- Die Juden sind Betrüger und Schlitzohren, und ihre Rasse verseucht die blonde, arische Rasse.

Jeden Morgen, wenn wir Schüler um den Fahnenmast vor der Schule versammelt waren, haben wir mit erhobenen Händen und in Sprechchören geschworen und gesungen: Die Fahne ist mehr als der Tod.

Heute frage ich mich, wie ich solchen Schwachsinn
ohne Zweifel,
ohne Gewissensbisse,
ohne die geringsten Bedenken
herunterbeten konnte.
Aber ich habe es getan.

In den sechziger Jahren hatten wir im CVJM Hamburg eine Idee:

Wir wollen junge Israelis nach Deutschland einladen.
Wir sind bereit, sie um Vergebung zu bitten.

Wir wollen ihnen zeigen, dass heute eine andere Generation von Deutschen lebt.

Wir wollen Versöhnung über den Gaskammern von Auschwitz, über den Folterkammern von Dachau, wir wollen Frieden stiften und bekennen, dass wir uns schämen für das, was Deutsche den Juden in Europa angetan haben.

Viele Mitglieder im CVJM hatten Bedenken. Werden die Juden, die Deutschland hassen wie die Pest, die sich wahrscheinlich nur mit Abscheu an das Land der Dichter und Denker erinnern, werden sie bereit sein, das Land der Verbrecher zu besuchen?

Aus Vorträgen, dem Rundfunk und aus Zeitschriften kannte ich den israelischen Theologen, Philosophen und Schriftsteller Schalom Ben Chorin. Ein Jude, der sich bemühte, die tiefen Gräben zwischen Israel und Deutschland zu überwinden.

Briefe gehen hin und her.

Telefongespräche werden geführt.

Und es schält sich allmählich ein Programm heraus.

Schalom Ben Chorin ist überrascht, wie viele junge Israelis sich melden, die ernsthaft interessiert sind, junge Christen in Deutschland kennen zu lernen. Sie kennen den YMCA (CVJM) in Jerusalem und sind über die Ziele und Methoden dieser größten internationalen Jugendorganisation der Welt informiert.

Dann kommen sie. Zwanzig junge Israelis mit Schalom Ben Chorin. Er spricht perfekt Deutsch. Auch einige junge Israelis können sich auf Deutsch mit uns verständigen.

Zwei sind dabei, die sich mal geschworen hatten, nie wieder mit Deutschen zu verkehren und die deutsche Sprache aus ihrem Bewusstsein zu verbannen. Einige junge Leute sind orthodoxe Juden, andere denken und leben völlig liberal. Alle werden privat untergebracht bei Freunden des CVJM Hamburg.

Die Tage gehen im Fluge dahin. Hafen- und Stadtbesichtigungen sind eingeplant, ein Gespräch mit dem Bürgermeister, gemeinsame Gespräche über Deutschland, wie es heute ist, über die Einstellung der Christen zum Judentum, über jüdische Gemeinden in Deutschland und über Kunst und Kultur.

Und dann kam der Abschiedsabend.

Darum erzähle ich diese Begebenheit. Das Klima zwischen den jungen Israelis und den jungen Deutschen war sehr gut. Es hatte keine hässlichen Auseinandersetzungen oder ernst zu nehmende Differenzen gegeben.

Freundschaften waren entstanden. Und eine friedliche Atmosphäre kennzeichnete die Abschlussveranstaltung. Einige Israelis standen auf und erzählten, wie es ihnen ergangen war, junge Deutsche gaben ihre positiven Eindrücke wieder. Ein paar Tränen flossen auf beiden Seiten.

Zum Schluss sprach Schalom Ben Chorin.

Viele gute und dankbare Worte habe ich vergessen, aber ein paar Sätze, die trafen mich wie Pfeile.

«Wir Juden sind von den Deutschen um Millionen Menschen dezimiert worden. Die Vergangenheit ruht wie eine schwarze Pest über unseren Beziehungen. Viele Juden, auch wir, haben euch Deutschen vergeben, aber *vergessen* werden wir die Untaten nie, nie. Immer wieder werden wir uns erinnern!»

Diese Sätze trafen uns alle wie eine Keule. Mich ganz besonders.

Es folgten nochmals dankbare Worte für die liebevolle und freundliche Aufnahme in Deutschland.

Aber alle schönen Worte wurden – für meine Begriffe –

überschattet von den laut und deutlich in den Raum gestellten Sätzen:

«Aber *vergessen* werden wir die Untaten nie, nie! Immer wieder werden wir uns erinnern!»

Ich habe als Christ gelernt:

Wir sollen vergeben *und vergessen.*

Wir sollen vergeben *und die Erinnerung auslöschen.*

Mir verschlug es die Sprache.

Ich war wie gelähmt. Einen Augenblick hatte ich den Eindruck, die friedliche Begegnung zwischen Deutschen und Israelis wird mit einem bedachten und gezielten Satz zerschlagen.

Ich stand neben mir, so muss ich es heute beschreiben.

Ich glaube, ich habe damals nur einige Sätze gestottert und gestammelt und habe ganz sicher die Versammlung überrascht.

Vergeben und vergessen.

Ich habe völlig neu lernen müssen, dass ein Vergessen schon neurologisch gar nicht möglich ist.

Ich habe völlig neu lernen müssen, dass wir vielen Menschen etwas Falsches verkündigt haben.

In unserem Gehirn läuft eine Kassette ab, die alles registriert, was wir erlebt haben. Schönes und Böses, Angenehmes und Unangenehmes wird aufgenommen. Wir können es unterdrücken, beiseiteschieben, verdrängen – aber völlig vergessen, das ist unmöglich.

Vielleicht ist es ein paar Jahre lang im Gedächtnis versickert. Es ist uns nicht gegenwärtig. Aber ausgelöscht ist es nicht.

Fordert Gott das überhaupt von uns?

Will er, dass wir vergeben *und vergessen?*

In den Sprüchen heißt es: «Wer Vergehen zudeckt, strebt nach Liebe; wer aber eine Sache immer wieder aufrührt, entzweit Vertraute» (Sprüche 17,9; Elberfelder).

Was wir zudecken, ist nicht verschwunden.

Was wir zudecken, ist nicht ausgelöscht.

Was wir zudecken, soll nicht wieder aufgerührt werden. Darum geht es.

Ich zitiere noch einen amerikanischen Theologen, Professor Dr. Jay E. Adams, der sich konkret über «Vergeben und vergessen» geäußert hat. Bei ihm heißt es:

«Wenn einer einem andern vergibt, sollte das eine völlig veränderte Beziehung zur Folge haben. Das bedeutet aber nicht, dass jeder das Vergangene auch sofort vergessen muss. Es gibt kein Gebot in der Bibel, das dazu auffordert. Vergebung ist keine Schocktherapie, welche die Erinnerung an die Vergangenheit auslöscht.»[1]

Noch einmal Adams:

«Gott kann nicht vergessen. ‹Gott vergisst unsere Sünde› meint seine Bereitschaft, sie zu begraben und nie wieder aufzutischen. Vergleiche auch Jesaja 43,25: ‹Ich, ich tilge deine Missetaten um meinetwillen, und deiner Sünden will ich nimmermehr gedenken›» (Zürcher Bibel).

Worauf kommt es an?

Vergeben heißt:

- Wir holen die Sünde nicht wieder aus der Mottenkiste, um sie gegen den andern zu verwenden.

---

[1] Jay E. Adams: *Handbuch für Seelsorge*, Brunnen Verlag: Gießen 1976, Seite 61.

- Wir haben die Wut, die Bosheit, die Enttäuschung gegen den andern weggegeben, aber wir erinnern uns sehr wohl an das Geschehene.
- Wir werden uns erinnern – aber ohne Rachegedanken.
- Wir werden uns erinnern – aber ohne Feindschaft.
- Wir werden uns erinnern – aber ohne Bitterkeit.

Jay E. Adams illustriert mit einer Legende, dass uns das völlige Vergessen unmöglich ist.

«Eine alte Geschichte erzählt von einem König, dessen Staatskasse leer war. Er rief deshalb seine Alchemisten zu sich und sagte: ‹Ihr arbeitet nun schon lange daran, unedle Metalle in Gold zu verwandeln. Nun brauche ich Gold. Ich gebe euch Zeit bis Freitag, die Formel herauszufinden. Gelingt es euch nicht, so werden eure Köpfe rollen.› Es wurde Freitag, und die Köpfe rollten. Der letzte Alchemist trat vor den König und sagte: ‹Ich hab's.› Der König antwortete: ‹Lass die Formel hören.› Und so zählte der Alchimist auf: ‹Ein Löffelchen Kalkstein, Schmetterlingsflügel, eine Prise Eidechsenzunge›, und so ging es fort ... Kurz bevor er zur Tür hinaus war, drehte er sich noch einmal um und sagte: ‹Was ich noch zu erwähnen vergaß, mein König: Wenn Ihr beim Umrühren an einen Elefanten denkt, dann klappt es nicht.› Es versteht sich von selbst, dass der Alchemist eines natürlichen Todes starb. Man kann ganz einfach nicht auf Befehl vergessen, die Bibel verlangt es auch gar nicht.»

6. Ich habe meine Frau zusammengeschlagen

Nach den 19-Uhr-Nachrichten klingelt das Telefon. Ich hebe ab, und es meldet sich ein Mann mit einer festen und klaren Stimme.

«Ich brauche dringend Beratung, ich habe meine Frau zusammengeschlagen.»

Offensichtlich wartet er ab, was ich sage.

Meine Reaktion: «Bringen Sie Ihre Gattin mit, oder wollen Sie allein kommen?»

«Wenn meine Frau mitkommt, ist das wahrscheinlich hilfreicher!», sagt er.

Ich schlage meinen Kalender auf und nenne ihm einen Termin, etwa acht Tage später.

Am Telefon gehe ich auf keinen Fall auf die Gründe und Motive seiner Tat ein. Wahrscheinlich hat er das erwartet, weil er gleich mit der Tür ins Haus fällt.

«Gott sei Dank, dass ich nicht wochenlang warten muss. Jetzt brennt das Feuer.»

Den letzten Satz spricht er etwas mehr vor sich hin.

«Darf ich fragen, von wo Sie kommen?»

«Von Wuppertal etwa hundert Kilometer entfernt. Ich hoffe, das stört Sie nicht. Hier will ich nicht gehen, hier kennen mich zu viele.»

«Einverstanden! Wenn es klappt, kommen Sie zu zweit, das erleichtert das Gespräch.»

Ich wiederhole noch einmal den Termin und die verabredete Uhrzeit.

«In Ordnung!»

Hörbar und tief atmet der Mann aus und hängt ein.

Zum verabredeten Termin erscheint der Mann. Etwa vierzig Jahre alt, vornehm gekleidet. Seine Frau stampft einige Schritte hinter ihm her. Er hat ein straffes Gesicht und eine gerade Haltung. Seine Frau hat offensichtlich verweinte Augen und stark gerötete Wangen.

In meinem Arbeitszimmer steht ein runder Tisch mit vier Sesseln.

Vor meinem Stuhl liegen auf dem Tisch eine Schreibmappe, ein Kalender und etliche Kugelschreiber.

Der Mann wirft einen kurzen Blick in die Runde und setzt sich zu meiner Rechten.

Ostentativ geht die Frau ganz auf die gegenüberliegende Seite, zieht den leichten Sessel noch einen Meter weiter vom Mann weg und demonstriert, dass sie mit diesem Menschen große Schwierigkeiten hat.

Sie schweigt, schaut vor sich hin, nestelt verlegen an ihrem mitgebrachten Täschchen und wartet ab, was geschieht.

Der Mann hat die Beine übereinander geschlagen, lehnt sich im Sessel zurück, zieht einen in Leder eingefassten Schreibblock aus seinem Aktenkoffer und legt einen Füllfederhalter daneben.

Ich schaue das Ehepaar an und frage: «Sie sind beide zu mir gekommen. Was führt Sie her?»

Der Mann fühlt sich sofort angesprochen, beugt sich im Sessel vor und sagt: «Wir sind hier, weil wir ein dickes Eheproblem haben. Ich habe zweimal meine Frau zusammengeschlagen. Meine Reaktion ist mir ein Rätsel. Ich liebe und achte meine Frau, und trotzdem ist es zweimal passiert.»

Seine Frau zieht sichtbar ihre Stirn in Falten und schaut ihn fragend an.

Ich: «Sie sagen, es sei zweimal geschehen. Ich vermute zu ganz verschiedenen Zeiten, oder?»

Die Frau nickt und zieht die Brauen hoch.

Er: «Der erste schlimme Ausrutscher ...»

Die Frau geht mit einem gezielten Vorwurf dazwischen. «Ausrutscher ist eine diplomatische Umschreibung. Aber darin ist mein Mann ja ein Meister!»

Dass sie ihn verletzen will, ist unüberhörbar.

Er lässt sich nicht aus dem Konzept bringen und schaut sie versöhnlich an. «Ich lass es so stehen, vielleicht hast du ja Recht ... Also, die schlimme Tat liegt etwa vier Wochen zurück. Als bewusste Christen gehören wir einer Freikirche an. Und ich habe noch am selben Abend den Pastor aufgesucht und ihm den bösen Vorfall geschildert.»

Ich: «Und wie ist er damit umgegangen?»

Die Frau rutscht in ihrem Sessel weit nach vorn und ist ganz Ohr. Keine Sekunde lässt sie ihn aus den Augen.

Er: «Der Pastor hat mich gefragt, ob ich den Vorfall bereue und ob ich eine Erklärung für die Tätlichkeit hätte.»

«Und?»

«Ich habe ihm klar und ehrlich gesagt, dass mir das Schlagen unendlich leidtäte, aber einen rationalen Grund hätte ich bisher nicht dafür gefunden.»

Ich frage die Frau: «Haben Sie eine Erklärung für sein Verhalten?»

Sie holt ein Taschentuch aus ihrem Täschchen. Ihr kommen die Tränen. Ein hörbares Schluchzen geht durch ihren Körper.

Ich warte noch einen Augenblick.

Sie schüttelt energisch mit dem Kopf. Sie hat also auch keine Vermutung.

«Der Pastor hat mir dann gesagt, wenn ich alles ernsthaft bereuen würde, dann könnte er mir im Namen Jesu vergeben.» Er zeigt auch in diesem Gespräch eine Geste der Bereitschaft. «Damit hatte ich keine Schwierigkeiten. Ich habe ehrlich Ja gesagt, und ich musste dann einen Satz nachsprechen, dass ich die Tat tief bereue, dass ich Gott und meine Frau um Vergebung bitte. Und er hat mir im Namen Jesu die Schuld vergeben.»

Ich: «Sie haben auch Ihre Frau anschließend um Vergebung gebeten?»

«Das habe ich getan!» Kleine Pause. «Und sie hat mir auch vergeben.»

«Aber?», hake ich nach.

«Genau da liegt das Problem. Das war vor vier Wochen. Und vor acht Tagen habe ich sie wieder zusammengeschlagen. Das macht mich fertig. Ich stehe neben mir und kenne mich nicht wieder. Darum habe ich Sie angerufen. Ich muss wissen, was solche schrecklichen Reaktionen auslöst.»

Die Frau nickt mir zu.

Ich unterbreche an dieser Stelle und frage: «Darf ich mir einige Notizen machen? Ich schreibe gern genau mit und möchte, dass wir gemeinsam das Verhalten anschauen, um zu verstehen, was geschehen ist.»

Der Mann nickt, und die Frau sagt deutlich: «Selbstverständlich!»

«Ich schlage vor, dass wir uns die erste Tätlichkeit genau anschauen, vielleicht werden Motive deutlich, die im Hintergrund stecken und möglicherweise Ihnen beiden verborgen geblieben sind.»

Sie sind einverstanden.

«Wer schildert alles mal?», ist meine Frage.

Ich spüre, die Frau wartet geradezu auf ihren Einsatz.

«Sie müssen wissen, mein Mann ist Anwalt, und wir wohnen ganz außerhalb der Stadt K. in einer Villa. Ich bin ein ausgesprochen ängstlicher Mensch. Einige Wochen vor dem Fall, wo mein Mann mich übel zugerichtet hat, wurde bei uns eingebrochen. Wir haben einen scharfen Hund ...»

Er unterbricht: «Wir *hatten* einen scharfen Hund ...»

«... das wollte ich gerade sagen, der wurde aber vorher mit einer vergifteten Wurst unschädlich gemacht, und zwei Tage später geschah der Einbruch. Ich war unglaublich schockiert und habe mich wie eine Furie aufgeführt. Ich zitterte wie Espenlaub und konnte mich überhaupt nicht wieder beruhigen ... Wissen Sie, mein Mann ist das genaue Gegenteil von mir. Er ist ruhig, er bleibt beherrscht, auch wenn wir ausgeraubt werden. Meine Güte! Meine Angst kann er überhaupt nicht verstehen. Ich rede, kreische und mache meinem Herzen Luft, und er geht einfach weg und lässt mich mit der Angst allein. Stellen Sie sich vor, das macht mich noch ängstlicher.»

Der Mann geht vorsichtig dazwischen. «Wolltest du nicht über den ersten Vorfall berichten, wo ich offenbar ausgeflippt bin?»

Die Frau wird lauter. «Aber das gehört doch alles dazu. Du willst nicht verstehen, wie es in mir aussieht. Du sagst, dass du mich liebst, gibst dir aber nicht die geringste Mühe, meine Gefühle ernst zu nehmen.»

Der Mann spricht bewusst ruhig und kehrt seinen Gegensatz heraus. «Sie müssen wissen, wenn meine Frau in Panik gerät, dann gerät sie außer sich. Das Wort Hysterie ist dann eine liebevolle Umschreibung.»

«Und wie reagieren Sie auf solche Panikattacken?», frage ich.

Er denkt einen Augenblick nach.

«Ich kann im Prinzip solche dramatisierten Szenen nicht leiden. Von zu Hause kenne ich solche Entgleisungen nicht ...»

«Entgleisungen!», schreit die Frau dazwischen. «Sie merken, wie er mich einschätzt. Ich entgleise in seinen

Augen und bin eine hysterische Zicke, jawohl, das hat er schon oft gesagt!»

Er versucht, es ruhig zu beschreiben. «Solche Anfälle regen mich im Prinzip so auf, dass ich die Fassung verliere. Ich kann damit nicht umgehen. So etwas gab es in meinem Leben nicht. Ich habe gelernt, mich immer vom Scheitel bis zur Sohle zu beherrschen. Als Anwalt ist das mein Kapital, wenn ich das so sagen darf.»

«Ja, das ist dein Kapital. Das schätze ich auch an dir! Du bist so überaus sachlich, und ich werde von Gefühlen beherrscht. Ich kann nichts dafür.» Sie holt tief Luft. «Und jetzt die Geschichte, wo er mich geschlagen hat.»

Er schaut sie gespannt an.

«Wenn ich mich richtig erinnere, war es etwa vierzehn Tage nach dem Einbruch bei uns. Der Einbruch hat mein Leben durcheinandergebracht. Meine Ängste haben sich gewaltig gesteigert. Ich schlafe unruhig, und jede Kleinigkeit lässt mich aufschrecken. Mich plagen die verrücktesten Befürchtungen, die ich nicht für mich behalten kann. Ich muss sie raushaben, sonst ersticke ich daran. Aber das Unbegreifliche: Bei meinem Mann werde ich sie nicht los. Der hört nicht zu. Der geht einfach weg, und mir stecken die Ängste im Hals!»

«Und wie gehen Sie dann damit um?», frage ich die Frau.

«Ein paar Mal telefonierte ich mit meiner besten Freundin. Sie ist eine gute Zuhörerin und nimmt mich ernst. Oder ich rede mit meinen Kindern. Ich weiß natürlich, dass das nicht gut ist. Schließlich will ich sie ja nicht belasten. Aber innerlich platzen will ich auch nicht.»

Er schaut mich an und sagt: «Ihre Ängste sind unbegründet und irreal. Es sind Phantasieprodukte, die sie sich einredet.»

Ich mache ihm deutlich: «Entschuldigen Sie bitte, das sind *Ihre* Wahrnehmungen. Sie sind offensichtlich ein sehr sachlicher und nüchterner Mensch, während Ihre Gattin von ängstlichen Empfindungen überrollt wird.»

«So ist es!», sagt sie. «Ich weiß ja, dass ich maßlos übertreibe, aber ich kann mich gegen diese Ängste nicht wehren. Und je mehr mein Mann diese Ängste abwertet und abqualifiziert, desto unruhiger werde ich. Manchmal glaube ich, dass ich hysterisch schreien muss, weil er alles für Theaterdonner hält. Aber die Ängste zerreißen mich.»

Er lächelt süffisant, und es klingt überheblich: «Es *ist* Theaterdonner, es *ist* Einbildung, meine Liebe!»

«Und der Einbruch? Habe ich mir den auch eingebildet?»

«Zum ersten Mal in unserer zwölfjährigen Ehe sind wir so überrascht worden. Vor einigen Jahren haben wir uns darum – dir zuliebe – auch den Rottweiler angeschafft, der uns ausgezeichnet bewacht hat», gibt er zu bedenken.

«Ja, ich habe mich wesentlich sicherer gefühlt, gebe ich ja zu, aber dann wurde er vergiftet, und meine Ängste gerieten aus allen Fugen.»

Die Eheleute schauen sich vorwurfsvoll an.

Ich interveniere: «Ich erlaube mir, den besagten Vorfall wieder ins Auge zu fassen, ist das möglich?»

Die Frau ruft sich innerlich und äußerlich zur Ordnung, setzt sich gerade und greift den Gesprächsfaden wieder auf.

«Etwa vierzehn Tage nach dem Einbruch, ich erinnere mich genau, hat mein Mann abends die Balkontür zum Garten offen gelassen. Und durch diese Tür war der Dieb in unser Haus eingedrungen. Oh, mich schüttelte erneut diese unvorstellbare Angst! Was tue ich also? Ich rase unangemeldet zu meinem Mann ins Arbeitszimmer. Er brütet mal wieder über seinen Akten. Ohne anzuklopfen, reiße ich die Tür auf und schreie ihm meine Ängste ins Gesicht. Ich nehme ihn ganz fest in die Arme und flehe ihn an, das nie, nie, nie mehr zu tun.»

Die Frau stoppt im Gespräch, und die Tränen schießen ihr aus den Augen. Sie greift zum Taschentuch, das sie vor Gesicht und Augen hält. Und ganz leise und schluchzend sagt sie: «Da hat er mich zusammengeschlagen. Ich lag am Boden. Einen Augenblick dachte ich, ich bin einem Ungeheuer in die Arme gefallen.»

Der Mann seufzt tief und hörbar und schüttelt seinen Kopf. «Glauben Sie mir, ich verstehe mich selber nicht. Im Grunde neige ich nicht zu cholerischem Verhalten. Ich bin wirklich alles andere als ein Schlägertyp.»

Die Frau giftet ihn an: «Und das ist jetzt das zweite Mal innerhalb einiger Wochen. Du bildest dir viel ein auf deine Beherrschung. Du beschimpfst mich, ich sei eine hysterische Ziege. Du bist so cool, im Tiefsten bist du eiskalt und brutal.»

Die Adern am Hals der Frau sind angeschwollen, so hat sie sich in Erregung geredet.

Einige Meter sitzt sie von ihm entfernt und weiß sich in meiner Gegenwart sicher.

«Ich kann dich nur tausendmal um Vergebung bitten. Ich leide wie du unter meinen unverständlichen Ausbrüchen.»

Er fleht sie geradezu an. Alles klingt echt und einleuchtend. Nur seine Motive bleiben im Dunkeln.

Die Frau hat sich beruhigt und scheint mit sich zufrieden, dass sie ihrem Zorn freien Lauf gelassen hat.

Ich versuche, etwas Licht in den unvorhergesehenen Ausbruch zu bringen.

«Was stört Sie beide aneinander?»

Die Frau muss nicht lange überlegen, sie ist spontan und sprudelt sofort los.

«Ich weiß, ich bin laut und unkontrolliert. Ich rede drauflos, das stört meinen Mann. Er spricht überlegt. Jeder Satz ist abgesichert. Ein Anwalt muss mit seiner Sachlichkeit und Nüchternheit bestechen. Was glauben Sie wohl, wie oft ich mir solche Sätze schon anhören musste? Ist es so, mein geliebter Brutalo?»

Er will etwas sagen, aber sie ist schneller.

«In seinen Augen bin ich eine Quasseltante, eine Tratschliese, eine oberflächliche Banalitätenerzählerin.»

Er windet sich auf seinem Stuhl wie ein geprügelter Hund.

Ihm ist das alles höchst peinlich.

Dann ringt er sich einige Sätze ab.

«Was du sagst, kann ich nicht abstreiten, das ist so. Aber den Kern der Sache trifft es nicht.»

«Und warum nicht?», hake ich nach.

«Das habe ich vor der Ehe schon gewusst, und es hat mich nicht abgestoßen. Jawohl, sie ist das Gegenteil von mir. Ich mag es nicht, und doch hat es mich angezogen. Ein Schweiger bin ich selbst. Ich muss im Innern alles durchkauen. Auf alle Eventualitäten muss ich in meiner Verteidigung vorbereitet sein. Ja, meine Antworten müssen wasserdicht sein. Wäre sie wie ich, würden wir uns abstoßen.»

«Was heißt das?»

«Meine Frau redet, wie ihr der Schnabel gewachsen ist. Sie hat geplaudert, ich habe sortiert. Sie hat geredet, ich habe eingeordnet. Sie hat erzählt, und ich habe zugehört. Stellen Sie sich vor, sie wäre wie ich. Undenkbar!»

Ich kann es nicht lassen und sage zu der Frau: «Haben Sie's gehört, er macht Ihnen Komplimente. Ein wunderbares Liebesbekenntnis hat er Ihnen überreicht.»

Sie richtet sich im Sessel auf. Ein Lächeln huscht über ihr Gesicht, zum ersten Mal während dieser Begegnung, und dann sagt sie: «Irgendetwas stimmt absolut nicht. Mein Geschwätz und meine Oberflächlichkeit kann er nicht leiden, und gleichzeitig soll ich ihm damit gefallen haben?»

Er kommt ihr entgegen. «Steif, kontrolliert und unnahbar bin ich selbst. Nie hätte ich eine Frau an mich herangelassen, wenn sie nicht meine Unnahbarkeit geknackt hätte.»

Sie empört sich, und das gelingt ihr spontan. «Das wird ja immer schöner! Ich, ein armes, schwaches Weib, eine banale Schwätzerin, habe dieses zugeknöpfte und introvertierte Mannsbild geknackt?»

Die Frau versteht es meisterhaft, ihm das «geknackt» um die Ohren zu schlagen.

«Liebste!», sagt er so zärtlich, wie er kann.

Sie verdreht die Augen. Sie ist überhaupt nicht bereit, ihm solche Liebeskunststücke abzukaufen.

«Zu Hause schlägst du mich zusammen, und hier kneifst du dir Zärtlichkeitsbeweise ab. Hast du Angst, dass ich zu deinem Freund in Köln marschiere und die Scheidung wegen körperlicher Gewalt einreiche?»

Er reißt Mund und Nase auf.

«Stell dir vor, wir sind siebzehn Jahre verheiratet. Ich bin zwar dumm und oberflächlich, aber die Anfangskenntnisse deines Fachs habe ich in vielen Ehejahren begriffen. Ob du mir das glaubst?»

Die Frau spiegelt eine tiefe Verletzung wider. Ihre Worte klingen ironisch und bitter zugleich.

Beide machen eine kleine Pause.

Auch der Mann nickt und lässt den Angriff der Frau über sich ergehen.

Ich greife einen anderen Faden wieder auf.

«Sie sagten mir am Telefon, dass Sie beide bewusste Christen sind. Welche Rolle spielt der Glaube bei Ihrem Konflikt?»

Ehe der Mann reagieren kann, hat die Frau eine Antwort parat.

«Das würde mich allerdings auch interessieren. Mein

Mann gehört in D. zur Gemeindeleitung, hat dem Pastor zwar seine Untat gebeichtet, aber lange gehalten hat sein Lippenbekenntnis offensichtlich nicht, oder?»

Der Mann reagiert bestürzt. «Glaub mir, es war kein Lippenbekenntnis! Es war echt, darum bin ich auch so verzweifelt, dass es mich wieder erwischt hat. Kannst du das nicht nachempfinden?»

«Dann bleiben wir doch noch einmal beim ersten Vorfall, wo Sie als Mann extrem feindselig reagiert haben. Was hat die Spannung in Ihnen aufgebaut?», frage ich den Ehemann.

Beide legen ihre Stirn in Falten und denken nach.

«Ja, so war es. Meine Frau kommt unangemeldet rein. Sie überfällt mich. Das raubt mir den Atem», sagt er.

Ich wiederhole ganz langsam:

«Das raubt Ihnen den Atem.»

Die Frau ergänzt: «Das kann ich nur bestätigen. In der Beziehung reagiert mein Mann ausgesprochen neurotisch. Wenn ich ihn etwas zu stürmisch umarme, dann ringt er nach Luft und fühlt sich erdrückt.»

«Nicht erdrückt», sagt der Mann, «erwürgt. Es kommt mir vor, als wolle mir jemand das Leben nehmen.»

Die Frau reagiert genervt. «Ist das nicht verrückt, ich will ihn liebkosen, ich will zärtlich zu ihm sein, und er glaubt, eine schwache Frau will ihn umbringen?»

«Vielleicht hat Ihr Mann irgendwann in seinem Leben solche bitteren Erfahrungen gemacht?»

Der Mann nickt auffallend, als hätte er ein Aha-Erlebnis. «Mir fällt es wie Schuppen von den Augen. Meine Mutter war und ist eine schwergewichtige, große, sehr starke Frau. Was sie umarmt, was sie liebt, das erdrückt sie.» Er wendet sich seiner Gattin zu. «Verstehst du jetzt, warum ich eine gertenschlanke Frau gewählt habe? Warum ich dicke nicht ausstehen kann? ... Warum habe ich bisher nicht daran gedacht?!»

Er macht eine Pause.

«Wenn meine Mutter mich als Kind in den Arm nahm, dann legten sich ihre prallen Brüste um meinen Kopf, und sie merkte nicht, dass ich keine Luft mehr bekam. Ich rang nach Atem und war todunglücklich.»

Die Frau springt fast aus ihrem Sessel heraus. «Jetzt verstehe ich, warum du mich im Bett wie eine Aussätzige behandelst. Wenn ich kuscheln will, wenn ich in seinen Armen einschlafen will, dann reagiert er wie ein Igel. Ich muss Abstand halten, sonst wehrt er sich mit Händen und Füßen.» Sie schaut mich fragend an. «Können Sie das begreifen?»

«Ja, das leuchtet mir ein. Ihr Gatte hat die Umarmungen seiner Mutter erdrückend erlebt. Er hat sich wie erwürgt gefühlt. Nur, damals konnte er sich nicht wehren.»

Der Mann wird deutlicher. «Spätestens mit zehn Jahren habe ich mich nicht mehr in den Arm nehmen lassen. Meine Mutter konnte das nicht verstehen. Zu anderen Leuten hat sie oft gesagt, sie hätte einen komischen Jungen, der wäre völlig aus der Art geschlagen ... Wenn ich heute darüber nachdenke, so hatte sie wahrscheinlich Recht. Flucht war meine einzige Rettung.»

«Und heute?», frage ich.

«Heute habe ich zugeschlagen. Ich brauchte Luft. Es war wie eine Panikattacke.»

Die Frau schaut ihren Mann mit großen, fragenden Augen an.

«Sie haben zugeschlagen, weil Sie sich – wie damals – in einer erstickenden Szene wiedergefunden haben.»

Sie gibt zu bedenken: «Es stimmt schon, ich habe ihn überfallen und ihn voller Angst an mich gedrückt ...»

«... nur gedrückt? Du hast mich gewürgt!»

«Und du hast wie von Sinnen auf mich eingeschlagen. Ich habe geglaubt, ich habe es mit einem Verrückten zu tun!»

Er fleht sie an: «Glaubst du das jetzt immer noch?»

«Ich will es nicht glauben, aber deine Fäuste spüre ich noch am ganzen Körper. Der Schreck sitzt mir tief in den Knochen.»

Der Mann lässt seine Frau nicht aus den Augen.

«Du bist nicht meine Mutter, aber in dem Augenblick wurden schreckliche Gefühle aus meiner Kindheit wach. Ich war wie elektrisiert und habe mich freigeschlagen.»

Ich wiederhole: «Sie haben sich freigeschlagen.»

«Ja, das trifft es genau. Ich spürte die Würgegefühle von damals und bin geplatzt.»

Der Anwalt wendet sich wieder seiner Frau zu. «Ich bitte dich tausendmal um Verzeihung und glaube ganz fest, es wird nicht wieder passieren ...»

«Wenn Sie, Frau M., diese hochempfindliche Stelle Ihres Gatten in Rechnung stellen: Er hat Umarmungen wie ein Ersticktwerden erlebt.»

Sie wirft den Kopf in den Nacken. «Das heißt also, ich darf dich überhaupt nicht mehr umarmen, wenn ich mir nicht wieder einen K.-o.-Schlag einfangen will?»

Jetzt lächelt der Mann zum ersten Mal. «Ich wünsche mir deine Liebe. Ich wünsche mir deine Zärtlichkeit. Ich wünsche mir deine Umarmung. Aber ich will nicht total vereinnahmt werden. Wenn mir einer die Luft zum Atmen nimmt, wenn meine Freiheit beschnitten wird, dann verliere ich die Beherrschung.»

«Sie bringen offensichtlich noch einen weiteren Punkt Ihrer Beziehung zur Sprache. Ihr Freiheitsverlangen scheint groß zu sein.»

Der Anwalt nickt zustimmend.

«Da haben Sie was angetippt!», geht seine Frau dazwischen. «Wehe, wenn ich mit Druck komme. Wehe, wenn ich ihn einenge! Wehe, wenn ich ihn bestimmen will!»

Er nickt. «Das ist offenbar die wunde Stelle in meinem Leben. Das wird mir erst jetzt bewusst. Wer mir die Luft zum Atmen nimmt und mir den Freiheitsspielraum beschneidet, der überschreitet Grenzen in meinem Leben. Ja, das ist es!»

«Dürfen wir uns das noch einmal bewusst machen? War das auch so, als Sie das zweite Mal Ihre Gattin zusammengeschlagen haben?»

«Jawohl, mir steht es lebhaft vor Augen!», sagt die Frau, «ich war von Kopf bis Fuß von Angst geschüttelt. Er hatte die Balkontür wieder offen gelassen. Das lädt doch geradezu die Einbrecher ein, oder? Ich fliege in sein Büro und presse mich an ihn – und er fühlt sich von der gertenschlanken Frau – hahaha – vergewaltigt und schlägt sie zusammen. Da habe ich nämlich unverzeihlich seine Freiheit verletzt.»

Sie nickt verstehend in sich hinein.

«Unverzeihlich habe ich ihn unter Druck gesetzt. Dreimal habe ich ihn angefleht, nie, nie, nie wieder die Balkontür offen zu lassen. Richtig, da ist es passiert. Mit brutalen Fausthieben hat er seine Freiheit verteidigt.»

Sie wendet sich mir zu.

«Das heißt also, ich darf keinen Druck ausüben, jeder Druck ist eine Zumutung. Ich darf meine Wünsche nur noch dem Weihnachtsmann offenbaren, sonst beschneide ich seine Freiheit. Ist es so?»

«Ihr Gatte wird Ihnen sicher erklären, was er sich wünscht», sage ich zu ihr.

«Mein Schatz!», beginnt er.

«Oh, das hast du lange nicht mehr zu mir gesagt, hört sich gut an!»

Er rückt mit seinem Stuhl etwas näher an sie heran. «Wenn ich heute den scheußlichen Vorfall richtig einschätze, dann ist mir mein schäbiges Verhalten völlig verständlich geworden. Zwei Faktoren sind unglücklicherweise zusammengekommen. Ich kann auf den Tod nicht ausstehen, wenn mir die Luft abgeschnitten wird – und wenn ich überfallartig unter Druck gesetzt werde. Das sind offenbar für mich zwei gefährliche Dinge. Und so schlimm sind sie mir auch noch nie in unserer Ehe begegnet, jedenfalls ist das mein Eindruck.»

Die Frau setzt sich in ihrem Sessel gerade hin. «Ein ausgezeichnetes Plädoyer. Das ist mein Mann. Ein Könner seines Fachs. Das imponiert mir sogar!»

Die Gattin sagt es etwas maliziös.

«Ich glaube, Ihr Gatte ist seinen Motiven für sein Ausrasten auf die Spur gekommen. Können Sie das akzeptieren?»

Sie sagt: «Ich will es versuchen. Im Prinzip bin ich leider sehr schnell mit meinem Mund. Und wenn ich rasch etwas erreichen will, lässt er mich prompt hängen. Das Spiel kenne ich. Dass ich ihm mal die Luft abschneide und er sich gewürgt fühlt, das habe ich heute neu gelernt.»

Sie schaut mich an.

«Aber wenn das augenscheinlich so zu sein scheint, dann muss das doch irgendwie zu beheben sein, oder?»

Ich versuche, die Frau zu bestärken.

«Ja, ich bin davon überzeugt. Wenn Sie beide Faktoren, wie Sie sie nennen, ins Gebet nehmen, dann wird ein Ausrasten eher unwahrscheinlich. Was meinen Sie dazu?»

In erster Linie spreche ich den Mann an, und ich erlebe ihn sehr kooperativ.

«Mir geht es so: Meine Handlungsweisen und die meiner Klienten müssen mir durchsichtig und verständlich sein. Was ich erkannt habe, das kann ich auch ändern.»

«Und was haben Sie jetzt genau durchschaut?»

Ich frage bewusst, auch um seiner Frau willen.

Er zieht seine Stirn in Falten, schaut konzentriert vor sich hin und formuliert: «Es stimmt, Druck ist für mich unerträglich. Ich liebe die Freiheit über alles. Und ich möchte nicht – auch nicht in Liebe –, dass mir die Luft abgeschnitten wird. Umarmungen, die mich ersticken, wecken unangenehme Kindheitserinnerungen.»

Die Frau hakt nach.

«Und was wünschst du dir nun konkret?»

«Ich vermute, du weißt es genau: dass du nicht schreiend und schimpfend Forderungen stellst. Du hast das längst im Laufe der Ehejahre gemerkt: Wenn du zärtlich und liebevoll kommst, erfülle ich dir alle Wünsche. Ich kann gar nicht anders. Aber wenn du mich zwingst und würgst ...»

«... wie deine schwergewichtige Mutter das gemacht hat ...»

«... ja, dann flippe ich aus. Ich weiß, das ist furchtbar!»

Die Frau kämpft mit den Tränen. «Und wenn ich mich doch wieder in schrecklicher Angst an dich klammere? Wenn ich dir *ungewollt* die Luft abschneide, und ich spüre das nicht, was dann?»

Er antwortet ihr ruhig und seiner Sache ganz sicher.

«Ich verspreche dir, dass ich in Zukunft, wenn mich wieder dieses Erstickungsgefühl überfällt, intensiv beten werde, hellhörig für dich und deine Probleme. Bisher war ich einer unklaren Atemnot ausgeliefert. Du wirst unter Wasser gedrückt und kriegst keine Luft mehr. Oder so ähnliche Gefühle. Ich habe nur *meine* Situation gesehen.»

«Und jetzt?», frage ich.

«Ich bin ja im Allgemeinen der Kopftyp, der cool und nüchtern an die Dinge herangeht. Jetzt weiß ich die Hintergründe, jetzt kenne ich die eigentliche Ursache. Ich bin relativ sicher, dass ich beherrschter den Konflikt angehe.»

«Können Sie sich das vorstellen, Frau M.?»

«Ja, es klingt plausibel, und ich habe ohne Frage ein gutes Gefühl.»

«Meines Erachtens war das ein hilfreiches Wort zum Schluss. Unsere Gesprächszeit für heute ist um. Wenn Sie beide möchten, vereinbaren wir ein weiteres Gespräch.»

Beide schauen sich an.

«In etwa vierzehn Tagen kommen wir gern wieder und prüfen gemeinsam, wie es weitergeht.»

PS: Wir kommen noch zweimal in Abständen zusammen.

Einige Jahre sind inzwischen ins Land gegangen. Beiden ist es gelungen, ihre Eheprobleme ohne Rückfälle zu meistern.

7. Mose

Sein richtiger Name lautete natürlich anders.

Aber meine Freunde in Dänemark sprachen nur von Mose. Wenn ich sie nach Einzelheiten fragte, machten sie eine vage Handbewegung und lächelten.

Einen Tag später lernte ich ihn persönlich kennen.

Er hatte einige Dänen und mich als einzigen Deutschen zum Essen eingeladen. Seit Jahren war er Ehrenpräsident eines bekannten dänischen Clubs; einer Vereinigung von Freunden, die internationale Kontakte pflegen.

Als wir kamen, stand er schon am Tor seines Parks. Es fegte ein kalter Wind über den Abhang. Unten lag sein Haus, eine niedrige, moderne Villa. Man hatte einen herrlichen Blick auf die Ostsee.

Ein Wasserarm ragte hier ins Land.

Mose war groß und stattlich. Bei seiner Statur hätte ich eher auf Saul getippt. Überhaupt hatte ich mir einen Juden anders vorgestellt.

Wir hatten Hüte auf, er war ohne Kopfbedeckung. Seine krausen Haare plusterte der Wind auf. Sie waren weiß.

Ich stellte mir vor, warum sie ihn Mose nannten. Und dann kam mir die Erleuchtung. In einer Bilderbibel war der Führer der Israeliten aus Ägypten ähnlich dargestellt. Allerdings hatte der einen wallenden Bart.

Die Begrüßung war kurz und schmerzlos. Sie war beinahe sachlich zu nennen.

Bis zum Haus waren es noch etwa fünfzig Meter. Schwerfällig ging er voraus.

Seine entstellte Hüfte hatte ich vorher nicht bemerkt. Außerdem zog er ein Bein nach. Rechts und links sprossen aus dem kahlen Boden Krokusse in allen Farben.

Insgeheim beneidete ich ihn um seinen Besitz.

Im Wohnzimmer war eine festliche Tafel gedeckt. Mose wies uns die Plätze an. Er bat mich an seine rechte Seite. Ein junges Mädchen trug die Speisen auf.

Mose ließ sich an der Stirnseite des Tisches auf einem besonderen Stuhl nieder.

Einen Augenblick zitterten seine Hände, als er sich aufstützte, und die Haut über den Knöcheln spannte sich weiß.

Er konnte die Sitzfläche des Stuhles runterklappen oder sich mit Hilfe eines Mechanismus an der Lehne mit einem Schwung aufrecht stellen.

Während des Essens wanderten meine Augen immer wieder zu den Ölgemälden. Alle Wände waren voll davon. Mir gegenüber hingen Motive aus Berlin: der Ku'damm, die Gedächtniskirche, der Funkturm, das Olympiastadion und Seen mit Booten und Vergnügungsdampfern.

Mose ließ Messer und Gabel ruhen.

«Berlin ist meine Heimat», sagte er, «in dem Haus in Grunewald bin ich geboren.»

Er bewegte seinen Stuhl mit den kleinen Rädern zur Seite und zeigte auf ein großes Gemälde über dem Kamin.

«Das waren meine Eltern. Und so hat meine Frau ausgesehen.»

Er machte eine kleine Pause.

«... vor etwa dreißig Jahren.»

Dann drehte er sich wieder zum Tisch und sah mich an.

Über Stirn und Wangen liefen tiefe Furchen. Seine Lippen waren schmal, die Züge hart, nur die Augen blickten gütig.

Mir gegenüber saß ein dänischer Volksschulrektor. Er wurde unruhig auf seinem Stuhl und benutzte die Gelegenheit, das Thema zu wechseln.

«Mose malt seit seiner Kindheit. Vor drei Jahren fand in Kopenhagen eine Ausstellung seiner Bilder statt. Und letzten Sommer wurde ihm vom König ein dänischer Kunstpreis verliehen.»

Mose winkte ab. Er sah starr vor sich hin und verkrampfte seine Hände über der Lehne.

Das Mädchen schob den Wagen mit dem Nachtisch herein.

Ich hatte kaum die großen Pfirsiche in Augenschein genommen, da löste Mose einen Hebel unterhalb der Lehne und federte mit einem Schwung in die Höhe.

Wie auf Kommando war das Mädchen zur Stelle, zog den Rollstuhl vom Tisch und half dem alten Herrn auf die Beine.

Er entschuldigte sich kurz und verließ das Zimmer.

Der Rektor fasste mich am Arm und beugte sich dabei weit über den Tisch.

«Er hat Tag und Nacht Schmerzen», sagte er, «er leidet an einer tückischen Krankheit, Sie sehen ja seinen deformierten Körper. Es wird immer schlimmer.»

Ich schaute auf den leeren Stuhl.

«Aber es muss doch Ärzte geben, die ihm helfen können», sagte ich.

«Die gibt es. Aber er will sie nicht. Er leidet, ohne zu klagen.»

Beinahe hätte ich etwas Ungeschicktes gesagt.

Das Mädchen hinderte mich daran. Es war fast lautlos an den Tisch getreten und bat uns, schon mit dem Nachtisch zu beginnen.

«Mose hat es mir gesagt.»

Das Mädchen sprach akzentfrei Deutsch.

Ich war sprachlos. Eine Deutsche im Dienst eines Juden.

Ich streifte die junge Frau mit einem Blick. Mitte zwanzig mochte sie sein. Sie hatte strohblonde Haare und tiefblaue Augen.

«Sie ist eine Deutsche», sagte der Rektor und nickte mit dem Kopf zur Tür.

«Die Tochter eines berüchtigten KZ-Aufsehers. In seinem Lager sind die Frau und die Eltern von Mose umgekommen.»

Ich muss ihn verstört angesehen haben und fragte instinktiv:

«Lebt der Vater des Mädchens heute noch?»

Er schwieg und schüttelte seinen Kopf.

Nichts Gehässiges lag in seiner Gebärde. Ich hätte es mir außerdem denken können.

«Und die Mutter hat sich das Leben genommen, als sie hörte, welche Scheußlichkeiten ihr Mann im Lager auf sich geladen hatte.»

Es entstand eine peinliche Stille.

Wir schoben unsere Schüsselchen beiseite.

«Mose wollte etwas gutmachen und adoptierte die Tochter jenes ...»

«... Verbrechers», sagte ich.

Mein Gegenüber holte tief Luft. Er war sehr höflich.

Die Sache mit Mose verstand ich allerdings nicht.

«Wieso hatte Mose etwas gutzumachen?»

Mein Gegenüber spricht leise zu mir und schaut immer wieder zur Tür.

«Als er mit dem Tode bedroht wurde, hat er das Versteck seiner Frau preisgegeben. Sie wurde einen Tag später liquidiert. Seine ständigen Schmerzen sieht er als Strafe Gottes für seinen Verrat an.»

Ich stellte mir das einen Augenblick vor: ständige Schmerzen.

Ich versuchte es zu begreifen. Es gelang mir nicht.

Die Hände auf dem Rücken wanderte ich von Bild zu Bild. Eine unverständliche Unruhe hatte mich gepackt.

In der Kaminecke hingen Fotografien von Moses Eltern und seiner Frau.

Die schmucklosen Aufnahmen umrahmte ein vergilbter

Spruch. Offensichtlich war er aus der Bibel herausgerissen und hinter Glas gebracht. Ich bückte mich ein wenig und las leise vor mich hin:

«Du aber, Israel, mein Knecht, du Jakob, den ich erwählt habe, Sprössling Abrahams, meines Freundes, du, den ich von den Enden der Erde hergeholt und von ihren Säumen berufen und zu dem ich gesagt habe: ‹Mein Knecht bist du, ich habe dich erwählt und dich nicht verworfen.› – Fürchte dich nicht, denn ich bin mit dir! Blicke nicht ängstlich umher, denn ich bin dein Gott! Ich stärke dich und helfe dir auch und halte dich aufrecht mit meiner heilverleihenden Rechten. Siehe, es sollen beschämt und mit Schmach bedeckt dastehen alle, die in Feindschaft gegen dich entbrennen; es sollen zunichte werden und zugrunde gehen alle, die Streit mit dir anfangen. Du wirst sie suchen und nicht mehr finden, alle, die dich befehdet haben; wie nichts und gar nichts sollen sie werden, die Krieg mit dir führen. Denn ich, der Herr, dein Gott, werde deine Rechte stark machen, ich, der ich dir zurufe: Fürchte dich nicht, ich helfe dir» (Jesaja 41,8–13).

Die Bibelstelle hatte jemand mit Tinte daruntergeschrieben. Und ein Datum, aber das habe ich inzwischen vergessen. Es muss aus den 1930er Jahren gewesen sein.

Ich war noch in das Wort vertieft, als hinter mir eine Tür ging. Mose war eingetreten – kreidebleich.

Er bemühte sich zu lächeln.

«Es passiert mir einige Mal am Tag», sagte er leichthin, packte seinen Freund am Arm und brachte ihn mit zu mir.

Wir stehen vor seinen Bildern. Sie gefallen mir außerordentlich, und ich sage ihm das auch.

Besonders die Berlin-Bilder.

Berlin lebt.

Die Vergangenheit wird Gegenwart. Sie atmet die Atmosphäre der ehemaligen Hauptstadt.

Er fühlt sich geschmeichelt und rückt verlegen den «Funkturm» gerade.

«Berlin *war* meine Heimat.»

Er betont unüberhörbar das «war».

«Und heute?», frage ich neugierig.

Ich bin über mich selbst erstaunt.

«Heute lebe ich davon, dass sich Juden vor allem mit Deutschen aussöhnen. Rache ist das Schlechteste, was uns geschehen kann. Rache hält das Morden aufrecht. Rache fördert die Feindschaft. Wir brauchen Versöhnung zwischen den Völkern. Nicht Auge um Auge, Zahn um Zahn, sondern für jedes ausgeschlagene Auge strecken wir dem Gegner die Hand entgegen.»

Ich stimme ihm innerlich überwältigt zu.

«Sie sprechen mir als Christ aus der Seele», sage ich. «Jesus hat es ähnlich formuliert: Wenn dich einer auf die linke Backe schlägt, halte ihm auch die rechte hin. Leider haben wir uns alle nicht dran gehalten.»

Mose reißt sich von den Bildern los, die wir gemeinsam betrachten, und baut sich vor mir auf. Er ergreift meine beiden Hände und sagt: «Wir werden uns dran halten! Wenn einige es vormachen, werden es viele nachmachen. Als Jude glaube ich daran.»

Ich kann ihm nur zustimmen. Für Sekunden kreisen in meinem Kopf die entsetzlichen Bilder, die ich nach meiner Kriegsgefangenschaft über Konzentrationslager in Deutschland und anderswo gesehen habe. Von andern Gräueltaten ganz zu schweigen.

«Ich sehe es wie Sie. Mit fünfzehn bin ich Luftwaffenhelfer geworden. Niemand hat mich gefragt. Mit sechzehn habe ich auf feindliche Flugzeuge schießen müssen. Nach Kindheit und Jugend hat kein Mensch gefragt. Mit siebzehn Jahren war ich schon in Kriegsgefangenschaft. Ich möchte nie wieder einem Verführer in die Hände fallen. Zum Schießen und Töten möchte ich nicht mehr missbraucht werden. Für mich ist Krieg die schlimmste Lösung, die ich mir vorstellen kann.»

Mose setzt sich halb stehend auf den Rollstuhl, den er hinter sich hergezogen hat. Sein verkrüppeltes Bein ruft Schmerzen hervor, die im Gesicht deutlich werden.

«Ich bin lebend aus der Hölle herausgekommen. Ich bin dem Gott Abrahams und Jakobs dankbar, dass er mir das Inferno gezeigt hat. Er hat sich was dabei gedacht und mir einen Auftrag gegeben. Ich werde mich für die Versöhnung einsetzen, so lange ich lebe.»

Plötzlich schrillt im Flur des Hauses ein Telefon. Das blonde Mädchen hat den Hörer abgenommen und bittet Mose zu sich.

Er entschuldigt sich bei mir und humpelt zum Flur. Das Mädchen zieht den Rollstuhl hinter sich her.

Meine übrigen dänischen Freunde haben sich in einen anderen Raum mit Öl- und Aquarellbildern zurückgezogen.

Ich brauche dringend frische Luft. Das kurze Gespräch mit Mose hat meine Seele tief berührt. Die Tür zum Garten und zur See ist nur angelehnt. Allein schlendere ich nach draußen und blicke auf das Wasser der Ostsee, das hier ruhig in einer kleinen Bucht plätschert. Das Gras bekommt hellgrüne Spitzen, die Krokusse und Narzissen zeigen Knospen, sind aber noch nicht aufgeblüht. Im Wasser schwimmt ein Entenpärchen. Die Bäume sind noch kahl, doch überall riecht es nach Frühling.

Ich habe nicht bemerkt, dass mir die junge Dame des Hauses, die hier mit Mose zusammenlebt, gefolgt ist. Sie ist groß und schlank, und die blonden Haare hängen glatt auf den Schultern. Ich kann sie schlecht schätzen. Wahrscheinlich ist sie etwas über 25 Jahre alt.

Sie steht neben mir, und beide schauen wir auf das Wasser der Ostsee.

«Natürlich wissen Sie längst, wer ich bin!», sagt sie frei und ohne einen Hauch von Schüchternheit.

«Nein, nur mit einem Halbsatz hat der dänische Schulrektor gesagt, wer Sie sind. Mose hat Sie mir gegenüber mit keinem Wort erwähnt.»

Sie lächelt und sagt: «Alle Märchen beginnen mit dem Satz: Es war einmal. Und mein Leben ist so ein Märchen.»

Und dann verändern sich ihr Gesicht und ihre Stimme.

Das Mädchen schaut auf das Wasser, und mit sanfter Stimme erzählt sie mir ein Märchen.

«Es war einmal ein sehr arischer Mann, stattlich und hoch gewachsen, der heiratete eines Tages eine sehr arische Frau. Beide schwärmten für einen Führer, der ihnen die Zukunft in leuchtenden Farben vor Augen malte. Beide leisteten ihm bedingungslos Gefolgschaft. Der Mann ließ sich für ein Lager verpflichten, wo Juden, Homosexuelle, Roma und Sinti – in Deutschland redete man von Zigeunern – aus vielen Ländern Europas zusammengetrieben wurden. Auf Befehl des großen Führers wurden viele von ihnen umgebracht. Eines Tages scheiterte das Unternehmen des großen Führers. Die Feinde weltweit hatten ihn besiegt. Und die Folge? Der große Führer brachte sich um. Der arische Mann wurde gehenkt, die arische Frau nahm sich das Leben. Und die einzige Tochter, die beide gezeugt hatten, kam in ein Kinderheim, wo sie von christlichen Betreuerinnen aufgezogen wurde. Eines Tages kam ein Mann mit weißen Haaren in das Kinderheim, man nannte ihn Mose, der schaute sich das Mädchen an, nahm es auf den Arm und fuhr mit ihm davon. Beide leben glücklich an einem großen Meer.»

Aus der Tasche zupfe ich ein Taschentuch.

Mir laufen die Tränen reihenweise die Wangen hinunter.

Das blonde Mädchen bleibt seelenruhig, es zeigt keine Rührung und keine feuchten Augen.

Es spricht nicht von Vater und Mutter, sondern von einem «sehr arischen Mann» und einer «sehr arischen Frau».

Wir schauen uns an und dann auf das Wasser.

«Ich habe erst mit zwölf Jahren erfahren, wer meine Eltern sind.»

Ich schüttle den Kopf. «Und wie haben Sie alles verkraftet?»

«Damals habe ich tagelang geweint und konnte mich nicht beruhigen. Hier in Dänemark in meiner Schule hat mir eine Freundin das Geheimnis anvertraut. Alle wollten mich schonen. Auch Mose wollte es, der gute Mensch.»

Spontan frage ich sie: «Sie sagen auch Mose zu Ihrem Retter?»

«Ja, er war ein wirklicher Retter!»

Sie wirft die Arme in die Höhe wie ein glückliches kleines Kind. «Hier ist er nur unter dem Namen Mose bekannt. Ich sage Vater zu ihm. Er hat mich aufgenommen und aufgezogen wie ein liebender Vater.»

Stolz berichtet sie mir, was Vater Mose alles für sie getan hat.

«Ich habe die höhere Schule besucht und in Kopenhagen Politikwissenschaft studiert. Heute schreibe ich für ihn alle Briefe, bin seine Assistentin und reise mit ihm durch Europa. Die Versöhnung zwischen Juden und besonders den Deutschen, das ist das Thema seines Lebens.»

Ich blicke über die See, auf das weitläufige Gelände und auf den höher gelegenen Bungalow.

«Ja, hier hat er sein Zuhause. Er hat es von Verwandten geerbt, die alle im KZ umgekommen sind.»

Die junge Dame dreht sich um und schaut mit Falten auf der Stirn zum Haus hinauf.

«Ich muss wieder zu ihm. Er ist leider behindert und immer auf mich angewiesen.»

Und schon macht sie sich auf den Weg. Im Gehen macht sie noch einmal kehrt und sagt: «Um fünfzehn Uhr wird im Martin-Buber-Zimmer Tee gereicht. Anschließend geht die Besprechung weiter. Wir sehen uns sicher noch.»

Ich schaue auf die ruhige Ostsee. Die Enten schwimmen immer noch auf dem Wasser und tauchen alle Augenblicke in die Tiefe.

In meinem Kopf überschlagen sich die Gedanken.

Ich nehme an einem Lebensschicksal teil – wie im Märchen.

8. Ich habe jemanden überfahren

Für Mittwoch um 10.00 Uhr hat sich Frau Lange angemeldet.

Ich weiß nichts Näheres über sie. Auf dem Vormerkzettel steht ein großes Fragezeichen.

Sie erscheint auf die Minute pünktlich an der Haustür. Ich sehe es ihr an, sie bringt kein entgegenkommendes Lächeln mit, wie viele Ratsuchende, die zum ersten Mal eine Beratungspraxis konsultieren.

Ich strecke ihr die Hand entgegen und sage: «Oh, Sie sind aber äußerst pünktlich.»

Frau Lange antwortet ungewöhnlich: «Ja, das muss ich.»

Ungern will ich in der Tür schon dieses Muss hinterfragen, obwohl es mich gereizt hätte.

«Ich gehe vor ins Beratungszimmer.»

An der Garderobe nehme ich ihr ihren dunkelblauen Stoffmantel ab.

Ich stecke einen Bügel hinein und hänge ihn in den Garderobenschrank.

Die Dame hat noch ihren dünnen Seidenschal in der Hand. Sie legt ihn sorgfältig über den Mantel und zupft einige Male am Ärmel, um zwei kleine Falten, die der Stoff wirft, zu glätten.

Im Beratungszimmer bleibt sie neben mir stehen und fragt: «Wo soll ich Platz nehmen?»

«Wenn Sie möchten, nehmen Sie diesen Sessel. Sie haben hier Aussicht auf den Garten und können sich entspannen.»

Sie lässt sich nieder und beginnt sofort: «Wenn ich mich

entspannen könnte, ginge es mir schon besser. Ich bin völlig verkrampft, und darum bin ich auch zu Ihnen gekommen.»

Ich hole mir vom Tisch, der vor uns steht, meinen Schreibblock.

«Darf ich mir Notizen machen?», frage ich vorsichtshalber.

«Wenn hier nichts hinausgeht!», sagt sie sofort und bestimmt.

«Wenn Sie es so wünschen, mache ich mir keine Notizen, aber sollten Sie wiederkommen, schaue ich gern in meine Unterlagen und vergewissere mich, was wir gemeinsam besprochen haben. Ich möchte Ihnen das Gefühl vermitteln, dass ich alles wirklich sehr ernst nehme.»

«Ich verlasse mich auf Sie!»

Den Namen und das Datum schreibe ich auf meinen Block.

«Sie sagten mir schon, dass Sie sich schlecht entspannen können.»

Die Dame hält ihre Knie fest aneinandergepresst und versucht, ihr Kleid über den Beinen zu glätten.

«Ich bin völlig verkrampft, und mich beschleichen verrückte Gefühle, anders kann ich das nicht ausdrücken.»

Kleine Pause.

«Mit einem Arzt, der in unserer Gemeinde Mitglied ist, habe ich vor kurzem gesprochen, und der vermutet, dass ich an einer Zwangsstörung leide. Das jedenfalls hat er gesagt.»

Ich greife das Wort auf. «Der Arzt vermutet eine Zwangsstörung. Und wie ist er darauf gekommen?»

«Ich fahre seit zwölf Jahren Auto und habe nie ‹krause Gedanken› produziert.»

«Krause Gedanken», wiederhole ich.

Sie erregt sich, und ihr Körper gerät in Bewegung.

«Seit genau vier Monaten, wenn ich über normale Straßen oder über die Autobahn fahre, habe ich das zwanghafte Gefühl, ich habe einen Menschen überfahren.»

Sie räuspert sich und schaut mich dabei abwartend an.

«Wenn eine Unebenheit in der Straße ist, das Auto wird durchgeschüttelt, dann ist sofort der Gedanke da: Du hast einen Menschen überfahren.»

«Und dann?»

«Dann überfällt mich ein unabweisbares Gefühl, du musst jetzt umkehren, du musst die ganze Strecke zurückfahren, um zu schauen, ob da jemand liegt.»

«Ist das auch das Beispiel, das Sie Ihrem Arzt erzählt haben?»

«Genau das!»

«Vermutlich hat der Arzt Recht, das *kann* ein Symptom einer Zwangsstörung sein.»

«Heißt das, ich bin geisteskrank?» Ganz erschrocken reagiert die junge Frau mit dieser Frage.

«Nein, das heißt es ganz sicher nicht. Denn sollten es Zwangsstörungen sein, so haben die nichts mit einer Psychose, mit einer Geisteskrankheit, zu tun.»

Einen Augenblick lehnt sie sich im Sessel zurück.

«Wenn ich Sie richtig verstanden habe, ist das Ganze schon einige Male vorgefallen?»

«Ja, ist das nicht furchtbar? Ich muss umkehren und mich vergewissern, dass da niemand liegt. Manchmal fahre ich dreimal zurück, fahre ganz langsam und suche die Straßen und die Straßenränder ab, ob da auch kein Verletzter oder ein Toter liegt.»

«Und es ist auch klar, dass Sie niemals jemanden gefunden haben.»

Die Dame nickt.

«Deutlich wird, es sind auch keine Stimmen von draußen, die Sie quälen, sondern Ängste und Befürchtungen, die aus Ihrem Innern kommen.»

«Richtig, es ist ein Zwang in mir.»

«Sie sagten, das belaste Sie seit etwa vier Monaten.»

«Im Augenblick feiere ich sogar krank, weil ich mich nicht traue, Auto zu fahren.»

Sie denkt nach und macht eine kleine Pause.

«Ach ja, Sie fragten mich, seit wann ich das habe? Nun, seit vier Monaten. Das ist so: In der Firma, in der ich arbeite, wurde eine neue Mitarbeiterin eingestellt, die auch in Buchhaltung ausgebildet ist. Sie hat einen kleinen Teil meiner Aufgaben übernommen.» Die junge Dame seufzt. «Die ist ausgesprochen flink, und ich bin ausgesprochen langsam. Sie müssen wissen, ich bin pingelig und pedantisch. Alles prüfe ich doppelt und leide unter dem kleinsten Fehler.»

«Machen Ihnen auch Zwänge an anderen Stellen Sorgen?»

«Leider, leider.»

Sie lässt ihren Kopf sinken.

Dann holt sie tief Luft und überlegt, was sie noch berichten darf. «Wenn ich das Haus verlasse, prüfe ich etliche Male, ob auch wirklich die Tür verschlossen ist. Wenn ich einen Brief in den Kasten werfe, schaue ich einige Male, ob er auch nicht rausgefallen ist.»

Sie schlägt ihre Hände vors Gesicht.

«Es ist alles lächerlich, und ich mache mich lächerlich. Jeden Abend überprüfe ich alle Wasserhähne, ob sie zu sind und die richtige Einstellung haben.»

«Was wollen Sie damit sagen?»

«Auf einem Zettel habe ich mir die Hähne einzeln abgezeichnet, habe einen Zacken rot angemalt und die rote Einstellung genau auf dem Papier festgehalten. Nur wenn diese Einstellung präzise vorliegt, gehe ich einigermaßen beruhigt schlafen. Es ist verrückt, aber ich *muss* es kontrollieren.»

«Und wenn Sie es gegen Ihre Überzeugung nicht tun?»

«Dann drehe ich durch, glaube ich wenigstens. Dann

könnten schreckliche Dinge passieren, weil eine Kleinigkeit übersehen wurde. Das alles läuft in meinem Kopf oder in meinem Herzen ab. Ich gehorche meinem inneren Zwang!»

«Sie sagten, dass Sie Mitglied einer Kirchengemeinde sind? Sie halten sicher vom Gebet viel, oder?»

«Oh, da packen Sie mich an einem tief sitzenden Glaubenszweifel. Ich bete tagtäglich um Befreiung von diesen Zwängen, und darum, dass ich Gott restlos vertrauen kann. Aber ich *muss* die Strecke zurückkehren, wenn ich das Gefühl habe, einen Menschen überfahren zu haben. Ich *muss* die Hähne jeden Tag kontrollieren. Ich *muss* die Zahlen nachrechnen, obwohl das Ergebnis stimmt. – Ich weiß es selbst, ich habe kein Gottvertrauen, und das belastet mich doppelt. Ich bin nur noch ein Nervenbündel!»

Ihr versagt die Stimme, und die Augen werden feucht.

Ich warte einen Augenblick.

«Sie haben gegen Ihre Zwänge angebetet und angekämpft, und das ist in Ihrem Fall geistlich und therapeutisch falsch.»

«Das verstehe ich nicht!»

«Wer gegen Zwänge ankämpft, macht das Verkehrteste, was er tun kann. Er verstärkt die Zwänge. Die Psychiater kennen einen schönen Slogan, der heißt: Erhebst du ein Problem zum Problem, bekommst du ein Problem. Das heißt: Der Kampf ist falsch, das Beten verstärkt unter Umständen den Zwang. Und das haben Sie erlebt.»

«Aber ich darf doch das Beten nicht lassen!»

«Richtig. Aber Gott kennt Ihre Zwangsstörung. Sie beten darum, etwas sein lassen zu können, und handeln kurze Zeit später entgegengesetzt. Er weiß, dass Sie nicht anders handeln können. Sie müssen kontrollieren, um innerlich Ruhe zu finden. Und weil Sie glauben, Gottes Vertrauen missbraucht zu haben, sind Sie körperlich und seelisch frustriert. Sie machen sich selbst fertig. Nicht Gott bestraft Ihren Unglauben!»

Sie lehnt sich erleichtert zurück und atmet tief durch.

«Wenn das stimmt, ist das eine unglaubliche Befreiung für mich. Sie wissen doch, ich bin arbeitsunfähig. Eine unerklärliche Angst hält mich gefangen.»

Sie faltet betend ihre Hände.

«In der letzten Zeit habe ich gedacht, Gott will mich quälen, Gott will meinen Ungehorsam bestrafen.»

Sie richtet sich wieder im Sessel auf.

«Und was soll ich jetzt tun?»

Ich versuche sie zu beruhigen. «Ihre Zwänge und Ihr Schicksal in seine Hände legen. Mehr nicht. Ihm vertrauen, dass bei ihm alles bestens aufgehoben ist. Überlassen Sie ihm alles Weitere. Schreiben Sie ihm nicht vor, was er tun soll.»

Meinen Notizblock klappe ich zu und lege den Kugelschreiber beiseite.

«Für heute schließen wir das Gespräch ab.»

Sie springt erleichtert vom Sessel hoch. Ihr scheint ein Stück Last abgenommen zu sein.

«Ja, das kommt mir sehr entgegen.»

Ich schlage meinen Terminkalender auf. «Möchten Sie, dass wir in den nächsten Tagen einen weiteren Termin ins Auge fassen?»

«Noch bin ich krankgeschrieben. Ich brauche dringend die Gespräche.»

«Ich schlage vor: in drei Tagen um die gleiche Uhrzeit.»

Sie nickt und lächelt das erste Mal.

Zum nächsten Gespräch kommt Frau Lange ganz in Pink angezogen. Mantel und Kleid in gleicher Farbe. Die Schuhe auch passend.

Dazu eine entsprechende Halskette. Die Schuhe glänzen. Selbst die zweifarbige Handtasche spiegelt Lederflecke in Pink wider.

Sie nimmt im gleichen Sessel wie das letzte Mal Platz.

Ich eröffne das Gespräch: «Wie ist es Ihnen ergangen?»

Frau Lange antwortet etwas weniger verkrampft. «Mir geht es in der Tat besser. Ich kann wieder entspannt beten. Meine Nerven haben sich immer mehr beruhigt. Auch mein Schlaf ist in den letzten Tagen tiefer geworden. Wissen Sie, mir hat geholfen, alles in Gottes Hand zu legen. Auch die Sache mit der Kollegin.»

Sie gibt mir das Stichwort. «Damit sind wir das letzte Mal nicht zu Ende gekommen. Sie sagten, dass die Zwangsstörungen mit dem Kommen der Kollegin begonnen hätten.»

«Ja, sie wurde angestellt, und ich fühlte mich bedroht. Der Chef beruhigte mich und sagte mir, dass ich mich nicht gegen die Neue durchsetzen müsste. Ich sei seit Jahren in der Firma und müsse nichts befürchten. Aber in mir ist eine Angst, ich könnte sie überfahren.»

Ich greife das letzte Wort auf. «Sie könnten sie *überfahren.*»

Frau Lange stutzt und denkt über das Wort nach.

«Es stimmt, treffender kann ich das Verhältnis zu der Kollegin nicht beschreiben. Als Christin will ich den andern achten und respektieren. Wer den andern überfährt, nimmt ihn nicht ernst. Wer ihn überfährt, will ihn aus dem Wege schaffen.»

Die junge Frau zuckt zusammen.

«Da war eine heftige Reaktion, die möchte ich gerne verstehen!», sage ich.

Sie schaut mich an und geht mit sich zu Rate. Jedenfalls erscheint es mir so.

«Vielleicht will ich sie doch aus dem Wege schaffen! – Ich schäme mich, einen solchen Gedanken auch nur zu denken! Aber ich habe ihn schon gedacht. Was bin ich nur für ein Mensch?»

«Sie haben sich vom ersten Augenblick an bedroht gefühlt. Die neue Mitarbeiterin könnte Ihnen Ihren Platz streitig machen, ist es nicht so?»

«Aber einen anderen Menschen überfahren, das ist doch Sünde!»

«Kann es sein, dass dieser Gedanke ...»

Sie unterbricht mich: «... dieser *teuflische* Gedanke!»

«... Ihre Zwangsstörung ausgelöst hat? Aber kleine Zwänge haben Sie immer schon im Leben gehabt?»

Sie schaut mich fragend an: «Was meinen Sie konkret damit?»

Ich gehe zum Bücherregal und hole ein Fachbuch hervor, das sogenannte psychische Störungen international einheitlich erklärt.

«Ich lese Ihnen mal einige Zeilen vor, die unter dem Stichwort Zwangsstörungen geschrieben wurden.»

Diagonal überfliege ich einige Seiten und greife folgende Sätze heraus: «Zwangsgedanken sind anhaltende Ideen, Gedanken, Impulse oder Vorstellungen, die als aufdringlich und unangemessen wahrgenommen werden und ausgeprägte Angst oder Leiden verursachen. Die aufdringliche und unangemessene Qualität der Zwangsgedanken werden als ‹ich-dyston› eingeordnet ...»

«... und was heißt das?»

«Die Antwort steht gleich hier: Das heißt, dass die Person den Inhalt der Zwangsgedanken als fremd, nicht ihrer Kontrolle unterliegend und nicht als Gedanken, die sie zu denken erwartet hatte, erlebt. Die Person kann jedoch erkennen, dass die Zwangsgedanken Produkt ihres eigenen Geistes und nicht von außen auferlegt sind.»

Blitzschnell redet sie dazwischen: «Ich bin also nicht geisteskrank?»

Einen Augenblick lege ich den dicken Wälzer zurück. «Das befürchten Sie also immer noch?»

«Genau. Ich kann den Gedanken nicht völlig ausmerzen. Sie wollten ihn mir ausreden, und ich habe gedacht: Er will mich nur beruhigen!»

«Nein, Sie sind ganz sicher nicht geisteskrank. Der Psychotiker hört Stimmen von draußen.»

«Das Schlimme ist, ich weiß, dass die Zwänge Blödsinn sind, aber ich *muss* die Kontrollfahrten machen. Ja, ich *muss* auch die Türen kontrollieren, ob sie abgeschlossen sind. Von den Briefen, die ich in den Kasten werfe, und dem Kasten, den ich von allen Seiten überprüfe, ob der Brief auch drinnen gelandet ist, kann ich Ihnen auch noch berichten.»

Ich ziehe das Fachbuch wieder an mich und lese noch einige Zeilen vor: «Die häufigsten Zwangsgedanken sind wiederkehrende Gedanken, sich zu kontaminieren (z. B. durch Händeschütteln infiziert oder beschmutzt zu werden), wiederkehrende Zweifel (z. B. zu überlegen, ob man etwas getan hat, wie jemanden bei einem Verkehrsunfall verletzt oder eine Tür nicht abgeschlossen zu haben), das Bedürfnis, Dinge in einer ganz bestimmten Ordnung zu haben (z. B. starkes Unwohlsein, wenn Dinge ungeordnet oder asymmetrisch sind) ...»

Sie richtet sich auf und kommt auf das Gehörte zurück. «Meine Güte, das stimmt ja alles! Ich hätte nie gedacht, dass es Menschen gibt, die auch darunter leiden, andere überfahren zu haben. Bisher habe ich geglaubt, ich sei allein verrückt, und das gäbe es alles nur bei mir!»

«Wo stimmen Sie noch mit anderen Menschen überein, die ähnlich fühlen und denken?»

Sie nickt jetzt ungezwungen. Die ganze Person wirkt gelöster. Offen geht sie auf meine Frage ein.

«Sie müssten mal zu mir kommen und meine Wohnung

anschauen. Alles ist auf Vordermann, alles ist symmetrisch angeordnet. Ich werde krank, wenn ein Bild schief hängt.»

«Da befinden Sie sich in guter Gesellschaft. Mindestens zehn Prozent aller Menschen legen auf Symmetrie Wert, sie benötigen eine zwanghafte Ordnung. Und zwei bis drei Prozent aller Menschen leiden unter Zwangsstörungen. Beruhigt Sie das?»

«In gewissem Sinne ja. Es gibt also Millionen Menschen auf der Welt, die unter Zwängen leiden.» Nachdenklich schüttelt Frau Lange ihren Kopf: «Unvorstellbar!», sagt sie mehr zu sich selbst. «Es ist wahr, ich nehme heute eine große Beruhigung mit. Ich gehöre zu Millionen Menschen, die Ähnliches denken und erleben, und – auch das ist ein Stück Befreiung – ich bin kein Psychotiker.»

Sie atmet hörbar durch.

Ich hole mir meinen Terminkalender vom Tisch.

«Das ist ein akzeptables Schlusswort. Wir sollten hier für heute abbrechen.»

«Gut wäre es für mich, wenn ich in den nächsten Tagen wiederkommen könnte. Schließlich bin ich noch krankgeschrieben.»

Wir vereinbaren einen Termin in drei Tagen.

Nach drei Tagen kommt Frau Lange wieder auf die Minute pünktlich.

An der Tür hole ich sie ab.

«Sie sind wieder absolut pünktlich!», sage ich leichthin.

«Ich stehe dazu, ich *muss* es! Sonst geht es mir schlecht.»

Wir sitzen im Beratungszimmer, und Frau Lange greift den Faden wieder auf.

«Wie sehen Sie das? Sie haben gesagt, dass ich nicht dagegen ankämpfen soll. Aber ich kann doch nicht alles so laufen lassen. Ich kann meinen Zwängen doch nicht an allen Ecken und Kanten nachgeben?»

Ich provoziere ein bisschen: «Warum geht das nicht?»

«Sie meinen, ich könnte ruhig drei oder vier Mal laufen, um zu kontrollieren, ob die Tür geschlossen ist? Wenn ich wieder das Gefühl habe, jemanden überfahren zu haben, fahre ich zwei Mal die Straßen fünf bis zehn Kilometer hin und her, bis ich gewiss bin, dass wohl nichts passiert ist. Einige Tage schaue ich Tag für Tag in den Todesanzeigen und in den Lokalnachrichten, ob auch kein tödlicher Unfall erwähnt wird. Ich brauche diese Kontrollen, um mich zu vergewissern.»

«Machen diese Kontrollen Sie krank, oder sind es andere seelische Belastungen, die Sie arbeitsunfähig gemacht haben?»

Sie schaut mich verblüfft an. «Gute Frage!»

Frau Lange denkt angestrengt nach.

«Wahrscheinlich sind es nicht die Zwänge, die mich krank machen, es sind auch nicht die Kontrollen, die zweifellos Zeit und Kraft kosten, sondern die Angst, verrückt zu sein, im Kopf nicht normal zu reagieren. Kann das sein?»

«Ich gehe davon aus, dass Sie es wissen. Darum denken Sie bitte äußerst genau nach. Sie haben selbst erkannt, dass es vermutlich nicht die Zwänge selbst sind, die Ihre Nerven zerrütten, sondern der nutzlose Kampf, der Sie völlig machtlos macht, oder?

«Ich bete jeden Tag zig Mal – und das ist nicht übertrieben –, der Herr möge mich von diesen Zwängen befreien.»

«Und was ist geschehen?»

Sie lässt resigniert ihre Hände in den Schoß fallen.

«Nichts, rein gar nichts.»

«Wie gehen Sie mit diesem Ergebnis um? Was geht in Ihnen vor?»

Ihre Stimme wird laut. Ihre Wut kommt zum Vorschein.

«Ich bin nervlich völlig durcheinander. Ich kann nicht mehr. Am liebsten würde ich Gott Vorwürfe machen. Aber das darf ich doch nicht.»

Ich will ihr keine Antwort geben und frage sie: «Kann es sein, dass Sie Gott um etwas bitten, das er ganz anders beurteilt?»

«Aber ich denke, wir dürfen Gott um alles bitten, was uns auf der Seele brennt!»

«Selbstverständlich. Aber Gott entscheidet, nicht wir. Beten wir nicht im Vaterunser: ‹Dein Wille geschehe, wie im Himmel so auf Erden›?»

Frau Lange wird regelrecht rebellisch.

«Sie wollen mir also verdeutlichen, dass ich etwas erreichen will, was in Gottes Plan völlig anders aussieht?»

Ich zucke mit den Schultern. «Ich bin nicht Gottes Geheimschreiber. Seinen Plan mit mir und seinen Plan mit Ihnen kenne ich nicht. Aber möglich ist es, dass er Ihnen – aus welchen Gründen auch immer – diese Zwänge zumutet.»

«Nehmen wir an, er will es. Er mutet mir diese verschiedenen Zwänge zu, wie Sie sagen. Und was geschieht dann?»

«Stellen Sie sich vor, Sie sagen innerlich Ja zu seiner Entscheidung. Sie nehmen – nicht glücklich, aber ohne Widerspruch – dieses Schicksal aus seiner Hand ...»

Sie zieht ihre Stirn kraus, und ihre Mundwinkel zeigen nach unten.

Eine Weile überlegt sie noch.

«Dann müsste ich theoretisch zufrieden sein und mit *ihm* da oben übereinstimmen.»

Ich hake nach. «Warum nur theoretisch? Warum nicht praktisch? Was spricht denn bei Ihnen dagegen?»

Frau Lange schaukelt ärgerlich in ihrem Sessel hin und her.

«Sie haben keine Ahnung! Ich liege seit Jahren mit mir

im Kampf. Ich bin unzufrieden, ich bin unglücklich, ich kann mich selbst nicht aushalten, ich habe darum keinen Partner gefunden. Wer will schon mit solch einer zerrissenen Person etwas zu tun haben?»

Ich versuche ruhig zu bleiben. «Sie liegen auch mit Gott im Kampf.»

Frau Lange schlägt die Hände vors Gesicht und weint augenblicklich los.

«Sie verlangen also von mir, dass ich mit diesen Zwangsstörungen, mit diesen gottverdammten Macken, mit denen ich mich lächerlich mache, Frieden schließe?»

Ich versuche, sie zu beruhigen. «Nicht ich verlange das von Ihnen. Ich weiß noch nicht einmal, ob Gott es so will. Aber eins weiß ich: Wenn Sie mit Ihren Zwängen Frieden schließen, schließen Sie Frieden mit Gott, schließen Sie Frieden mit sich. Sie akzeptieren sich mit diesen Macken, wie Sie sagen, und gehen zufrieden in Ihre Firma.»

Frau Lange wischt sich die Tränen ab.

«Jahrelang bin ich gegen mich zu Felde gezogen. Jahrelang war ich todunglücklich. Und Sie glauben, das ist vorbei, wenn ich mich so annehme, wie ich bin?»

«Meine Überzeugung ist in der Tat, es wird Ihnen auf der ganzen Linie besser gehen.»

Frau Lange hat hochrote Wangen. Ich habe den Eindruck, sie sitzt wie auf einem Pulverfass.

Langsam erhebe ich mich und sage: «Frau Lange, die letzten Minuten waren extrem aufregend für Sie, wir sollten für heute hier abbrechen. Sie gehen in Ruhe und im Gebet alles, was wir besprochen haben, nochmals durch, und wir sprechen in einigen Tagen weiter. Sind Sie damit einverstanden?»

Sie nickt abgekämpft.

Ihre Hände sind nass geschwitzt.

«In zwei Tagen sehen wir uns wieder. Um die gleiche

Zeit? Noch sind Sie krankgeschrieben. Wir nutzen die Zeit.»

Schwerfällig erhebt sie sich aus ihrem Sessel.

Wieder sind zwei Mal 24 Stunden ins Land gegangen.

Auf Frau Lange ist Verlass. Ich wundere mich immer, wie sie es schafft, auf die Minute pünktlich zu sein.

Sie legt im Arbeitszimmer einen Schreibblock auf den Tisch. Die erste Seite ist vollgeschrieben.

«Ich habe den Eindruck, Sie sehen heute entspannter aus.»

Frau Lange rückt den Schreibblock, ihre Tasche und ein Päckchen Einwegtaschentücher fein säuberlich geordnet zurecht.

Erst dann kann sie sprechen.

Sie lächelt sogar.

«Ja, mir geht es in der Tat besser. Achtundvierzig Stunden haben Sie mir Zeit gelassen, über eine völlig neue Sicht meiner Zwangsstörungen nachzudenken ...»

Sie macht eine lange Pause, schaut auf ihren Block und sucht offensichtlich nach passenden Worten.

«Und welche neue Sicht haben Sie gewonnen?», frage ich.

«Jahrelang habe ich mich bemüht, dass kein Mensch meine krankhaften Eigenarten bemerkt. Verstört und misstrauisch bin ich herumgelaufen. Und das Gemeine, je mehr ich mich bemüht habe, diese Macken zu verstecken, desto mehr haben sie mich belastet, desto mehr haben sie mich gequält. Ich war ja kein normaler Mensch mehr!»

Mit dem Kugelschreiber hakt sie ein paar Gedanken ab, die sie berichten wollte.

Ich nicke verständnisvoll, und Frau Lange fährt fort:

«Als ich gestern Abend vor dem Wasserhahn stand, habe

ich das erste Mal richtig gelacht. An der Wand sind rote Striche eingetragen, und Sie wissen ja, dass die Ecken des Knaufs eine bestimmte Stellung haben müssen, damit ich zufrieden bin. Ich habe sie millimetergenau eingestellt, habe gelacht und zu mir gesagt: Heike, jetzt ist die Welt in Ordnung! Jetzt deckst du den Tisch für das Frühstück, stellst alles wieder exakt ausgerichtet hin und freust dich darüber. Und das Schönste, ich habe wunderbar geschlafen! Wie finden Sie das?»

Ich verstärke ihre Einstellung.

«Sie haben ein Wunder Gottes erlebt. Gott liebt Sie, wie Sie sind, nicht wie Sie sein sollen. Es kann sein, dass er Sie mit Zwangsgewohnheiten sieht und liebt. Je mehr Sie zu sich Ja sagen, Ihre Gewohnheiten bejahen, desto ruhiger und ausgeglichener werden Sie. Für meine Begriffe ist es so: Wer sich aus Gottes Hand annehmen kann, ist glücklich. Sie haben nicht nur gegen sich selbst angekämpft, Sie haben auch unbewusst gegen Gott gekämpft.»

Zweifelnd wiegt Frau Lange mit dem Kopf hin und her.

Alles leuchtet ihr nicht ein.

«Aber wir dürfen uns doch nicht annehmen, wie wir sind. Wir wollen doch *ihm* immer ähnlicher werden. Müssen wir denn nicht unsere Sünden und schlechten Gewohnheiten ablegen? Müssen wir nicht mit aller Macht dagegen angehen?»

«Glauben Sie denn, dass Ihre Zwangsstörungen Sünden sind?», frage ich die Frau.

Sie braucht eine lange Zeit für die Antwort.

«Wenn ich ehrlich bin, glaube ich auch nicht, dass es sich um Sünden handelt.»

«Um was handelt es sich dann, wenn Sie so unbarmherzig gegen sie zu Felde ziehen? Wenn Sie sich ihretwegen nervlich und seelisch kaputt machen?»

Wir müssen beide lachen.

Frau Lange drückt es lachend und gleichzeitig verzweifelt aus. «Es sind erbärmliche Dummheiten, es sind blödsinnige Angewohnheiten, es sind Verhaltensmuster ohne Sinn und Verstand.»

Aus therapeutischen und seelsorgerlichen Gründen gebe ich noch nicht auf. «Oder glauben Sie, dass der Teufel Ihnen einen Streich spielt und Sie zu solchen blödsinnigen Angewohnheiten – wie Sie sagen – verführt?»

«Sie machen mir Angst!»

«Und wie sehen Sie's?»

«Ja, ich glaube, dass der Teufel solche Zwangsgedanken benutzt, um uns gegen Gott aufzubringen», sagt die Frau.

Dann schaut sie mich aus weit aufgerissenen Augen an. «Glauben Sie denn nicht, dass der Teufel das alles inszeniert hat?»

Ich antworte ihr fest und klar. «Nein! Er kann seine Hand im Spiel haben, das ist nicht unmöglich, aber der Haupt-Inszenator ist er nicht.»

«Woher wissen Sie das?»

Auch Frau Lange lässt nicht locker.

«Weil Sie gestern ein Wunder Gottes erlebt haben. Sie haben nämlich eine wunderbare Erfahrung gemacht.»

«Und welche ist das?»

«Liebe Frau Lange, *Sie* haben die Erfahrung gemacht. *Sie* haben etwas Wunderbares erlebt. Und es ist hilfreicher, wenn *Sie sich* die Antwort selbst geben.»

Sie spitzt ihre Lippen und schaut in sich hinein.

«Richtig. Bisher habe ich gegen mich gekämpft. Es stimmt, ich habe die Zwänge als satanische Versuchung gedeutet. Jetzt habe ich sie zum ersten Mal als unschöne Gabe Gottes aufgefasst. Ich habe ihm nicht dafür gedankt, aber ich bin ruhig darüber geworden. Und hatte seit langer Zeit wieder einen zufriedenen Schlaf.»

Einige Kernaussagen hebe ich noch einmal hervor. «Ihre Zwänge sehen Sie als unschöne Gaben Gottes an und nicht als Versuchungen des Teufels. Sie geben sich Mühe, sie zu akzeptieren, und erfahren sofort eine Entlastung. Sehen Sie's auch so?»

«Was wird geschehen, wenn ich die Zwänge alle kommentarlos stehen lasse?»

«Ich stülpe Ihnen nichts über. Versuchen Sie sich leibhaftig vorzustellen, Sie behandeln Ihre Zwänge wie Ihre zehn Finger an zwei Armen.»

Sie schaut lächelnd auf ihre Finger und dreht einige Male die Handflächen nach oben und nach unten.

«Ich empfinde gar nichts an meinen Händen. Sie machen mir ja auch keine Probleme!»

«So ist es. Und wenn Sie starke O-Beine hätten?»

«Wahrscheinlich würde ich mich im Laufe der Jahre daran gewöhnen.»

«Sieh an, sieh an! Und warum gewöhnen Sie sich nicht an Ihre Zwänge?»

«Sie sind unmenschlich und teuflisch!»

«Eben waren Sie noch der Meinung, es seien unschöne Gaben Gottes.»

Frau Lange legt ihre gefalteten Hände in den Schoß. «Dann habe ich ja jahrelang völlig falsch gebetet!»

«Darf ich Sie fragen, was Sie gebetet haben?»

Sie denkt nicht lange nach. «Im Prinzip ist es ein kurzer Wunsch: Herr, befreie mich von diesen grässlichen Gewohnheiten, sie machen mich verrückt!»

«Wenn wir alle Geschöpfe Gottes sind, die er gemacht und geschaffen hat, dann kommt alles aus seiner Hand, das Schöne und das Belastende, das Gesunde und das Kranke.»

Frau Lange richtet sich in ihrem Sessel auf. «Sie wollen also damit sagen, wenn wir uns dankbar aus Gottes Hand nehmen, dann sind wir glücklich und zufrieden.»

Ich nicke ihr zu, weil ich meiner Sache gewiss bin. «Je mehr wir unsere Stärken und Schwächen, unsere Krankheiten und psychischen Defizite aus Gottes Hand nehmen, desto gelassener und ausgeglichener werden wir.»

Ein Wort zieht Frau Lange in die Länge.

«A u s g e g l i c h e n e r, das möchte ich gern werden. Ich bin ein Nervenbündel! Ich hasse mich. Ich bin eine widerliche Frau!»

«So beurteilen Sie sich selbst, weil Sie Ihre Zwänge wie Pest und Cholera bekämpfen, weil Sie gegen sich Sturm laufen. Sie schlagen sich pausenlos ins Gesicht.»

Sie schaut mich neugierig aus ihrem Sessel an. «Dann sagen Sie mir mal, wie ich beten soll. Oder noch besser: Wenn Sie in meiner Lage wären, wie würden Sie beten?»

Auf die ehrliche Frage lasse ich mich ein.

Ich habe auch keine Schwierigkeiten, meine Gedanken und Gefühle zu formulieren: «Herr, du siehst, ich bin todunglücklich. Ich kann mich nicht ausstehen. Du hast Zwänge in mir zugelassen, die ich dir zutiefst übelnehme. Ich kämpfe gegen die Zwänge, als wären sie vom Teufel. Wahrscheinlich war das alles verkehrt. Schenk mir deinen Beistand, dass ich sie aus deiner Hand nehmen kann und in allen Poren spüre, dass du mich unendlich liebst, ja, dass du mich so willst.»

Die junge Dame grummelt vor sich hin. Es dauert eine Weile, bis ihre Selbstgespräche verständlich werden.

«Meine Güte, höchstwahrscheinlich ist es richtig! Die Gedanken leuchten ein! Dann habe ich also Jahre meines Lebens falsch gelebt! – Wissen Sie auch, dass Sie mein Leben total auf den Kopf stellen?»

Ich mache eine verneinende Geste. «Nein, ich will das nicht. Aber vorstellen kann ich mir, dass der lebendige Gott Sie auf diese Weise segnet.»

Frau Lange gibt sich einen Ruck und springt aus dem Sessel hoch. «Ich habe den Eindruck, hier muss ich abbrechen. Sie haben mir viel zum Kauen und zum Beten gegeben.»

«Sie *müssen* nicht abbrechen, aber Sie *dürfen*!», sage ich leicht spöttelnd.

«Ich *darf* mich annehmen, das gibt mir jetzt schon ein gutes Gefühl.»

«Das freut mich», bestätige ich ihr. «Wenn Sie einverstanden sind, kommen wir am nächsten Montag wieder zusammen, um die gleiche Uhrzeit, wenn es geht?»

Frau Lange nickt.

An der Garderobe helfe ich ihr in den Mantel.

Festen Schrittes schreitet sie zur Tür. Ich bleibe noch eine Weile im Türrahmen stehen. Sie behält ihren festen Schritt bei.

Fünf Tage später erscheint sie wieder pünktlich zum Gespräch.

Sie hat sich gesundschreiben lassen, arbeitet wieder in der Firma und ist glücklich, mit dem Leben fertig zu werden.

«Glauben Sie ja nicht, dass meine Zwänge weg sind. Das wäre zu schön, um wahr zu sein. Aber einiges ist passiert. Stellen Sie sich vor, Sonntag war ich im Theater. Ich habe ein Musical genossen, eine herrliche Bearbeitung eines Shakespeare-Stückes, nämlich ‹Kiss me, Kate›. Es war wunderbar. Ich konnte abschalten. Das war bisher unmöglich.»

«Warum sind Sie in der Vergangenheit nicht ins Theater gegangen?», frage ich.

«Ich wollte von den Leuten nicht wie eine Kranke angeschaut werden. Außerdem kann ich mitten in der Reihe nicht sitzen. Wenn ich rausmuss, dann will ich keinem Besucher die Unruhe zumuten.»

«Sie glauben also, man sieht Ihnen die Krankheit an? Welche denn? Was glauben Sie, was die Leute sehen?»

«Manchmal muss ich die Fenster rechts und links zählen. Ich muss die Sitze zählen, glauben Sie nicht, dass das auffällt? Die sind doch dann überzeugt, ich hätte einen Zählzwang.»

«Und warum sind Sie am Sonntag trotzdem ins Theater gegangen?»

«Mir ist klar geworden: Gott hat die Dicken lieb, er hat die Kleinen lieb, er sorgt sich um Arme und Kranke, er liebt Depressive und Schizophrene, und er liebt die Zwanghaften.»

Spontan reiche ich meine Hand über den Tisch.

«Ich beglückwünsche Sie, genau das ist die richtige Einstellung. Das macht Sie locker und unverkrampft. Sehen Sie, ich habe einen Bauch, der mir nicht gefällt, aber ich kämpfe nicht fanatisch gegen das Ding an.»

Sie kann über sich lachen. «Freitag kam ich aus der Firma. Meine Gedanken kreisten wie üblich um Leute, die ich überfahren könnte. Der Wagen hoppelte, und ich war ganz sicher: Du hast wieder einen Menschen überfahren! Zuerst ein panikartiges Gefühl. Dann kehrte Ruhe ein, und ich habe mir gesagt: Du fährst jetzt mindestens zweimal zurück, dass du auch sicher bist, rechts und links der Straße oder mitten drauf liegt kein Mensch.»

«Sie sind wirklich zweimal zurückgefahren?»

«Ich bin wirklich zweimal gefahren. Nach einer Fahrt habe ich mir gesagt: Komme, was da wolle, du fährst ein zweites Mal. Jegliche innere Unruhe will ich vermeiden, da könnte doch ein Mensch irgendwo liegen.»

«Und wie ging es Ihnen anschließend?»

Ein zufriedenes Lächeln erscheint auf ihrem Gesicht. «Ich habe gebetet: Herr, du sagst es mir nicht, dass ich fahren muss. Es sind meine blödsinnigen Überzeugungen. Ich *muss* fahren und mich beruhigen. Du hast mich lieb und lächelst wahrscheinlich.»

Es rührt mich an, was Frau Lange sagt. «Ich kann es mir

lebhaft vorstellen, dass Gott in der Tat lächelt. Er lässt uns. Er kennt unsere Schwächen und Eigenarten.»

Frau Lange ist ganz aufgeregt, strahlt aber dabei. «Das ist das Wunder, das ich erlebt habe. Bis vor kurzem war ich todunglücklich über mich und meinen Glauben. Wie eine Wahnsinnige habe ich gegen meine Zwänge gekämpft. Gott und mich habe ich angeklagt. Ich stand neben mir und wurde arbeitsunfähig.»

«Und jetzt?»

Sie holt tief Luft, und es klingt wie eine Verwandlung. «Ich bin unglaublich erleichtert. Natürlich sind die Zwänge noch nicht weg. Aber ich kann darüber lächeln. Andere Menschen haben O-Beine, ich habe Zwänge. Ich kann wieder arbeiten, und ich kann mich wieder im Spiegel ertragen. Ich finde das toll!»

Bevor ich antworten kann, will Frau Lange noch einen Gedanken loswerden.

«Außerdem habe ich gelernt, dass Gott mich nicht bestraft, weil ich so kleingläubig bin. Meine Güte, wie habe ich mich doch laufend mit Selbstvorwürfen und Selbstanklagen gequält!»

Ihre Zufriedenheit sprudelt aus ihr heraus. «Noch eine Kleinigkeit muss ich Ihnen ganz schnell erzählen: Am Sonntag war ich wieder im Gottesdienst und traf meine beste Freundin. Ich erzählte ihr zum ersten Mal offen über meine Zwänge. Wissen Sie, was sie zu mir sagte?»

«Ich bin gespannt!»

«Hast du's gut. Du hast nur so lächerliche Zwänge. Ich habe seit Wochen schreckliche Zahnschmerzen. Ein Weisheitszahn sitzt quer. Ich werde verrückt, wenn ich eine Spritze kriege. Vor Spritzen habe ich Todesangst! Streng genommen traue ich Gott nicht zu, dass er mich bewahrt!»

Entspannt atmet sie aus und legt ihre Hände ruhig in den Schoß. «Wenn ich das höre, kann ich nur dankbar sein! Oder?»

Ich versuche alles zusammenzufassen.

«Sie haben es auf den Punkt gebracht. Wir sollten nur noch in Abständen zusammenkommen, wenn Sie es wünschen. Sie können mit Ihren Zwängen leben, das ist ein Geschenk!»

«Nein, das ist ein Wunder!»

Frau Lange erhebt sich erleichtert. Lasten scheinen von ihr abgefallen zu sein.